「慵斎叢話」

15世紀朝鮮奇譚の世界

野崎

a pilot of wisdom

目次

第四章　愉快な士大夫たち

図版／海野　智

はじめに　儒者の随筆

富士川英郎《ひでお》に『儒者の随筆』なる著があり、林梅洞（一六四三～六六年。林羅山の孫）の『史館茗話《めいわ》』から中根香亭（一八三九～一九一三年）の『香亭雅談』まで、十四種の漢文随筆集が紹介されている。その「あとがき」に云《い》うように、これらの作品は漢文というだけで殆《ほとん》ど読まれず、忘却されていることを惜しんだもので、今日その多くは『日本詩話叢書《そうしょ》』や『日本儒林叢書』に含まれ、手軽に読めるのはありがたい。巻頭の『史館茗話』は夭折《ようせつ》した長男の志を継ぎ、父の林鵞峯《がほう》が完成させたものだが、跋文《ばつぶん》の最後に悲嘆を吐露しているのには思わず胸が痛む。かように儒者の随筆には随所に彼らの心情や信条、また真情まで垣間《かいま》見られ、滋味掬《きく》すべき逸話が少なくないが、私などに興味深いのは時おり見出《みいだ》す朝鮮との繋《つな》がりである。例えば西山拙齋《せっさい》（一七三五～九九年）の『間牕瑣言《かんそうさげん》』がそうである。

――祇園《ぎおん》南海（一六七六～一七五一年）は詩才をもって知られ、常に新井白石などの諸賢と会しては詩作に励んでいた。正徳（一七一一～一六年）のころ、命によって朝鮮通信使の迎接に赴いたところ、一行の中に李東郭なる学士がいて、自ら「日東騒人」（騒人とは詩人の意）

を名乗って才を誇り、我に若《し》く者なしという。そこで南海が詩の応酬を挑むこと数日、筆が止まるどころか詩想益々《ますます》新たなるを見て、ついに東郭は屈したのである。別れに際し、さらに南海が立ちどころに二十四章の賦を作って贈ったが、東郭は逡巡《しゅんじゅん》するばかりで何もできず、大いに慙《は》じて去ったのだった。やがて、釜山《プサン》に着いた東郭は血を吐いて猝死《そっし》したという。

正徳元年に趙泰億《ちょうたいおく》を正使とする朝鮮通信使が訪れ、日本各地で文人らと交流して伊藤莘野《しんや》の『正徳和韓唱酬録』が編まれたことはよく知られる。製述官の李東郭は詩文の応酬に活躍し、その相手方には祇園南海もいた。つまり、『間隠瑣言』の逸話は史実を踏まえたものには違いないものの、技量を恥じて東郭が憤死したというのは事実無根も甚だしい。そこには、通信使に対する優越の喧伝《けんでん》によって自己の声価を高めようとする、徳川儒者たちの願望が籠められていよう。また『間隠瑣言』には荻生徂徠《おぎゅうそらい》が「韓人は固《もと》より学識なく、文辞も亦た観《み》るに足らず……猫児を弄して娯《たのし》みとなすに若かず」と嘯《うそぶ》いて通信使らと会おうともしなかった同工異曲の話が見える。

このような現象が生じるのは、申維翰《しんいかん》が『海游録《かいゆうろく》』「日本聞見雑録」で、日本は「文を以《もっ》て人を用いず、文を以て公事をなさず」と指摘したように、科挙のない徳川治世下では文の能力は出世功名に直結しにくいため、儒者たちがその存在価値を主張できる場は教育と外交に限定されていたからに他ならない。であればこそ、朝鮮通信使との応酬は彼らにとって数少ない

「晴れ舞台」であり、断じて遅れをとるわけにはいかなかったわけである。

とはいえ、江戸の儒者たちが通信使に時には憧憬のまなざしを向け、また時には見下さんと自意識過剰に振る舞うさまを見る時、些《いささ》か滑稽を感じなくもない。なぜなら、日本に派遣される使者らは外交上の体面を保つために必要充分な素養の持ち主ではあるものの、本国では第一流の文人とは言いがたい者が多かったからである。それは恰《あたか》も、中国から朝鮮に遣わされた天使（皇帝の使者）とそれを迎える朝鮮文人の関係に似ていよう。朝鮮側は文才をもって鳴る人材を取り揃《そろ》えたのに対し、中国側はそうでなかった。卑近なたとえでいえば、団体戦の先鋒だけを見て大将の力量を知らないままだったとでもいえようか。

ことはそれだけに止《とど》まらない。なぜなら日朝の儒者にとって「文」そのものも同じではなかったからである。「文を以《もっ》て人を用いる」、つまり科挙の有無もさることながら、さらに大きな違いは「文を以て公事をなす」にある。日本の儒者にとって公事とは殆ど外交文書の作成に限られていたが、朝鮮はそうではなかった。

高橋亨《とおる》（一八七八〜一九六七年。一九二六年京城帝大教授に就任。思想・宗教・文学にわたる膨大な業績をあげた）は朝廷に仕える士大夫が作成すべき文書の種類として

一．玉冊文　二．頒教文　三．教命文　四．升冊文　五．祭文　六．楽章

七．哀冊文、上樑文、賜祭文、致祭文、賜額文　八．教書　九．批答

十．箋　十一．表　十二．奏文　十三．国書　十四．檄《げき》　十五．露布などをあげ、さらに「此《ここ》ニ謂所《いうところ》文学トハ廣義ニテ言フ者ニシテ　文語ヲ以テ表セル一切ノ思想的生産物ヲ包含ス」（『朝鮮近代文学』ノート、講本第一冊。ここでいう近代とは朝鮮時代をさす）といったように、思想や学術的なもののみならず、漢詩は無論のこと、いわゆる公用文のような実用的な文章まで含む。言い換えれば、内容のいかんにかかわらず文章表現として優れたものはすべて文学と看做《みな》すということである。

漢学の書でもないのに馴染《なじ》みの薄い漢文体《スタイル》をあげたのは、このことが日韓の社会文化、ひいては文学にまで及ぶ「似て非なる」様相を端的に表すからだが、それをもたらした最大の要因はおそらく元寇《げんこう》だろう。ともに十二世紀に武人政権の樹立を迎えた日韓だが、辛うじてモンゴルの侵攻を躱《かわ》した日本では近代期に至るまで「軍事」政権が続いたのに対し、高麗では台頭して国権を握った武人勢力があえなく潰え、元の支配のもと、徹底した漢文化政策が採られた。それ以降、韓国では文人政権が基本となったのである（故に、一九六〇年代に出現した軍事政権は韓国史のうえでは例外的な現象であり、かたや戦後日本の平和主義は新憲法による一時的な「幻想」に過ぎないだろう）。

俗に宦官《かんがん》・科挙・纏足《てんそく》を中国文化の三大特質とし、このうち韓国では宦官と科挙制度が定着するも、日本では一つも残らなかったが、それも元寇ショックの余波によるものといえよう。

ところで、中国では猛威をふるった宦官は韓国ではあくまで「日陰者」だったのに比べ、科挙はそうではなかった。周知のように、科挙とは試験による人材選抜制度であり、文科と武科があったが、韓国で圧倒的に重きをなしたのは前者で、儒学的教養を備えた膨大な行政官を輩出した。彼らのことを士大夫と呼ぶ。

武士といっても、いくさに勝つためには合従連衡、または背信や変心を日常としていた戦国時代と、『鸚鵡《おうむ》籠中記』に描かれたサラリーマン化して暇を持て余す元禄期とは異なるように（『葉隠』も戦わなくなった武士のための精紳訓にすぎない）、朝鮮王朝五百年（これは世界最長である）でも時期によって士大夫のイメージは大きく変容する。朴趾源《ぼくしげん》（一七三七〜一八〇五年）が「両班《ヤンバン》伝」（両班とは本来、東班＝文官、西班＝武官の総称だが、次第に世襲化した文官を意味するようになった）で痛烈に風刺したように（東洋文庫『熱河日記』所収）、朝鮮後期では時代遅れの教養をひけらかし、権威主義で威張りくさるしか能のない嫌われ者に堕するが、初期では違う。朱子学を奉じて新たな国家建設に邁進《まいしん》せんと、森羅万象に通暁する「通儒」たるべく努力精進した新進気鋭のテクノクラートだったのである。

本書で紹介する成俔《せいけん》（一四三九〜一五〇四）は朝鮮前期の代表的な通儒の一人であり、その著『慵斎叢話《ようさいそうわ》』は彼の随筆集だが、当時の世相を知るには最上の資料として知られる。そこには朝鮮文学独特の事情があるので、ここで少しばかり触れておきたい。

日本では詩歌や小説、それに戯曲が早くから活発に創作されてきたが、朝鮮では漢詩以外の詩歌や小説は朝鮮時代後期になってようやく盛況を見せるものの、戯曲に至っては二十世紀初頭までソウルには劇場すらなかった。これは何を意味するかといえば、当代の社会や風俗を知るのに詩歌や小説はあまり役に立たないということである。とはいえ「生きとし生けるもの、いずれか歌を詠まざりける」、この世に生きる喜怒哀楽を書かずにおれないのはいずこの国でも同じこと。ただ、その表現手段が異なるだけなのだ。朝鮮時代前期の場合、その役割を担ったのが『慵斎叢話』のような士大夫の随筆であり、また本書で数多く引用した『朝鮮王朝実録』のような史書だったのである。

二〇〇二年のワールドカップ共催を契機に俄《にわ》かに「韓流ブーム」なるものが沸き起こり、『大長今《テジャングム》』や『許浚《ホジュン》』をはじめとする歴史ドラマが数多く紹介され、好評を博したことは周知のとおり。それらの多くは秀作・力作ぞろいで見ごたえはあったものの、いざ作品を通じてどれほど朝鮮時代を正確に理解できるかと問えば、憎まれ口を承知でいうなら「水戸黄門を見て江戸時代を知ろうとする」のと本質的には変わりない。無論、それ以前の韓国・朝鮮など眼中にあって無きが如《ごと》き扱いを思えば、韓流ファンの熱狂と持続ぶりはご同慶の至りではある。さりながら昨今の嫌韓・反韓の蔓延《まんえん》を見るにつけ、その底の浅さとひ弱さを今さらながら痛感せざるを得ない。蓋《けだ》し、反韓憎悪の拡散はインターネットの風に煽《あお》られて燎原《りょうげん》の火よりも捷《はや》いのに比し、個々人の理解は遅々として深まらないからだろう。

とはいえ、束手無策ではあまりに芸がないというもの。「往事を述べて、来者を思う」と司馬遷も述べた（「任少卿に報ずる書」『文選《もんぜん》』巻四十一）。このあたりで一度頭を冷やして古典世界に逍遥《しようよう》するのも、迂遠《うえん》なようでかえって有効かもしれない。手前味噌《みそ》ながら、それにはこの『慵斎叢話』が格好の先導役となりえよう。なぜなら、現代日本の基礎に江戸時代があるように、現代韓国の基底には朝鮮時代があり、それを形作ったのが士大夫たちで、その士大夫の世界を何より雄弁に語るのがこの書だからである。しかも、一読すればすぐに気づかれようが、およそ私たちの儒教社会に対する先入観を打ち破る奇異譚《きいたん》に満ち満ちており、「事実は小説よりも奇なり」はここでも紛れも無く真実であることが再確認できよう。

ただ、『慵斎叢話』（全十巻）にはおよそ三百二十もの長短さまざまな文章が収められており、その話題は士大夫間の交遊から宮中世界のトピック、また歴史・文学論や自然現象、あるいは巷《ちまた》の奇譚・笑話に至るまで実に多様であって、そのすべてを小著で尽くすことは困難である。そこで、本書では「人間的な、あまりに人間的な」ともいうべき、極めて人間臭い話題を中心に紹介することにした。馴染みのない朝鮮時代へのアプローチのしやすさを優先したためだが、著者の成俔や『慵斎叢話』の概要を先に把握しておきたいという方には第六章から読み始めることをお勧めする。

第一章　僧のいる風景

（一）破戒僧と世俗社会の出現

――信修という名の僧がいた。豪放磊落《ごうほうらいらく》で諧謔《かいぎゃく》を好み、冗談を言っては人を笑わせ、頭《こうべ》を振りふり目を剝《む》けば顔は忽《たちま》ち十六羅漢に変じ、人の挙止を見てはすぐさま真似《まね》をする。財物には恬淡《てんたん》で、家産の田地田畑はみな親族にくれてやり、自ら鋤鍬《すきくわ》を手にすることはないくせ、夏でも白い飯しか口にしない。また、面識のない顕官（高位の士大夫）であっても、一見すれば旧知の如《ごと》く、親しく名前を呼びあう仲となるのだった。

ある時、この信修が寺のそばに住む老人の若い妻と通じてしまう。すると老人は妻とともに寺に身を寄せたが、信修はそれを拒まず、衣食を与えて一緒に暮らすことにした。三人は仲たがいすることもなく、子どもが生まれれば、「老人のお子ですな」、「いや、御坊のお子ですとも」と譲りあい、信修が寺にいる時は老人が柴刈《しばか》りや畑仕事に汗を流し、また信修が外出するおりには、老人が荷を背負って従うといった按配《あんばい》。やがて、妻が先に死んでしまうが、老人は信修のそばを離れることなく、仲のよさはまるで兄弟と見まがうばかりだった。そして、老人が亡くなった時には信修が自ら亡骸《なきがら》を運び、丁重に弔ってやったのである。

信修はまた酒を好んだ。その飲みっぷりたるや鯨なみで、人が戯れに牛の尿《いばり》や泥水を与えても、ぐっと一息で飲み干し「この酒はちょいと苦いわい」と平然たるもの。そのうえ食欲旺盛で、乾いて固くなったメシや餅でもお構いなしに平らげる。魚や肉の生ぐさものに喰《く》らいつき、人がそれを笑うと、「これは私が殺したものでない。だから土くれも同然。口にして何が悪いか」と動じるふうもない。齢《よわい》七十を過ぎても矍鑠《かくしやく》たるもので、ある人から「どうして肉食妻帯するのか」と問われると、こう答えるのだった。

「今の人は邪念を恣《ほしいまま》にし、利欲の心がせめぎあっておる。出家といえども名ばかりで、煩悩まみれは同じこと。肉の香を嗅げば涎《よだれ》を流し、美人を見れば淫らな心を起こす。自分はそれと違い、心の欲するままに従って思いを残さず。だから心が汚れることもない。それゆえ、来世は如来になれずとも、きっと羅漢ぐらいにはなれるじゃろうて……」

また時には自ら鈴を振り経典を誦《じゆ》し、「信修よ信修、浄土に往生せよ。生きては狂悖《きようはい》といえども、死してはまさに真実たるべし」と慟哭《どうこく》する。その声が凄愴《せいそう》を極めるや、たちまち手を打って呵呵《かか》大笑し、行方をくらましてしまうのだった（『慵斎叢話《ようさいそうわ》』巻六）。

『慵斎叢話』（以下、『慵斎』と略す）の著者である成俔《せいけん》は庚寅《コウイン》の年（一四七〇年）、前年に亡くなった母の葬礼のため披州《はしゅう》に滞在し、そこで信修と出会ったという。時に成俔は三十一歳（数え年。以下同じ）。信修はすでに七十過ぎだったというから、この破戒僧の生涯は、朝鮮王朝建国の歩みとほぼ重なるはずだ。披州はソウルの北西八十二里（『東国輿地《よち》勝覧』巻十一「披州」）、かの臨津江《イムジンガン》に隣接する地。朝鮮の一里は日本のおよそ十分の一なので、都からは徒歩でも一日でたどり着こう。披州で暮らしていた信修の生涯にも、揺れ動く中央の仏教政策が影を落としていたに違いない。

朝鮮王朝の宗教政策は一般に「排仏崇儒」と称されるが、歴代の国王により、かなりの温度差があった。いま初期に限っていえば、松軒居士と号したほど仏教信仰の篤《あつ》かった太祖《たいそ》李成桂《りせいけい》は、度牒制《どちょうせい》（僧職の認可制）によって僧侶の数は制限したものの、興天寺や興徳寺・興福寺など数多くの寺院を造営し、無学《むがく》や祖丘《そきゅう》らの高僧を王師・国師と仰いだ。それは政権奪取のために高麗《こうらい》の王族を抹殺したうえ、節を守って旧王朝に殉じた多くの士大夫たちも次々と死に追いやった罪の意識に苛《さいな》まれたからだともいわれる。

しかし、高麗末期に科挙の文科に及第し、朱子学的素養を身につけていた三代の太宗《たいそう》（李成桂の八人の子息のうち、科挙及第者は第五子の太宗だけである）には仏教への親近感は乏しかった。また、父の太祖が継妃《けいひ》に生ませた子を世子（世継ぎ）としたことに反発。幼い異腹の弟たちを殺して王位の保全を図った（第一次王子の乱。一三九八年）ほど冷徹だった太宗は全国二百四十二寺以外の諸寺院を廃止し、その所領と奴婢《ぬひ》を召し上げて僧の還俗を進めるなど（一四〇六年）、仏教勢力の削減につとめた。

四代の世宗《せそう》もそれを受け継いで宗派の整理を敢行し、教宗（教とは仏の言葉、つまり経論の文言によって教義を説く宗門のこと。具体的には華厳《けごん》・慈恩・中神・始興の諸派をさす）と禅宗（曹渓《そうけい》・天台・摠南の諸派）との二つに統合させた（一四二四年。ただし、教宗と禅宗の区別は高麗前期から始まる）。また、破戒行為を理由に公務以外の僧侶の都への出入りを禁じている。とはいえ、世宗の兄の孝寧《こうねい》大君や歴代の王妃たちが熱心な仏教信者だったことからもわかるように、王族の仏教信仰は篤く、晩年相次いで親族を失った世宗自身もやがて崇仏へと後退してしまう。臣下の反対を押し切って挙行した興天寺の慶賛会疏文《しよもん》で、王自らを「菩薩《ぼさつ》戒弟子朝鮮国王」と称したり（『世宗実録』二十四年壬戌《じんじゆつ》〔一四四二年〕三月二十四日乙酉《いつゆう》の条。なお、実録の原典は干支《えと》だけで日付の記載は殆《ほとん》ど無いが、データベースの検索上便利なよう明記しておく。以下同じ）、正妃だった昭憲《しようけん》王后の冥福を祈るため、賛仏頌歌《しようか》である『月印千江《げついんせんこう》之曲《のきよく》』を編纂《へんさん》させたのはその一端の表れである（一四四七年）。

七代の世祖《せいそ》は王位につく前の首陽《しゆよう》大君の時から、成任《せいにん》（成俔の長兄）に向かって「釈子の道は孔子に過ぐ」と公言して憚《はばか》らないほど熱心な仏教信者であり（『世宗実録』三十年戊辰《ぼしん》〔一四四八年」十二月五日丁巳《ていし》の条）、即位後は寺院に経済的援助を与えたうえ、刊経都監を設置して仏教経典のハングル訳を刊行させた（一四六一年）。また、太祖が建立し、その後廃寺となっていた興徳寺跡に新たに円覚寺を建てたのもこの世祖である（一四六四年。ソウルの通称パゴダ公園――現在の正式名称はタプコル公園――がその址地《あとち》）。ところが、朱子学を尊重する九代の成宗《せいそう》は再び排仏に転じ、世祖が設けた刊経都監を廃止したうえ（一四七一年）、尼寺を毀《こぼ》つたり（一四七五年）、度牒制を厳しく禁じようとした（一四九三年）。

そして、成均館《せいきんかん》（儒教の教育機関）を宴会場に、円覚寺を妓生《キーセン》の養成所にするなど、暴君として知られる十代の燕山君《えんざんくん》の矛先は仏教にも向けられ、僧科（僧の科挙）を全廃し（一五〇三年）、さらに激しい排仏政策をとって朝鮮仏教の衰退を決定づけたのだった。その燕山君を追放した中宗《ちゆうそう》も、ソウル中のすべての寺院を廃するなど（一五〇九年）、排仏政策を受け継いだ。しかし、その死後、幼い明宗《めいそう》の母として垂簾聴政《すいれんちようせい》により、弟の尹元衡《いんげんこう》らとともに朝廷を牛耳った文定《ぶんてい》王后は熱烈な仏教信者であり、僧の普雨《ふう》（一五一五～六五年）を重用して度牒制や僧科を復活させた（一五五〇、五一年）。それにより、仏教は一時的に勢力を取り戻すものの、王后の死とともにまた僧科は廃止され（一五六六年）……、とこういう具合である。

その結果、近代以前の朝鮮には門前町のような宗教都市が出現することはついになく、人々は圧倒的な此岸《しがん》世界に身を置かざるを得なくなった。冒頭に紹介した破戒僧信修の、欲望の抑圧が煩悩の淵源であり、快楽の充足によってこそ魂の浄化がもたらされるとする「現世志向」的な発想には、建国直後の混乱期を経て、ようやく姿を見せ始めた朝鮮世俗社会の出現が感じられよう。それはまた高麗という中世社会の解体であり、近世朝鮮のはじまりでもあった。

「いかにせん如何《いか》にかすべき世の中を背けば悲し住めば憂し」と和泉式部は詠み（『和泉式部集』）、「世にしたがへば、身苦し。したがはねば、狂せるに似たり」と鴨《かもの》長明は喝破した（『方丈記』）。「浄土ニアラザレバ心ニ叶《かな》ウ所ナク……俗ニ背ケバ狂人ノ如シ。アナウノ世間ヤ」とは『沙石集《させきしゅう》』（巻五「行基菩薩御歌の事」）の言葉だが、酒色に身をまかせ、人倫に背きながらも、俗世間《スノッブ》の偽善を痛烈に批判してやまない「大いなる矛盾」ともいうべき破戒僧信修の姿は、わが国の一休宗純（一三九四〜一四八一年）にも似て、その強烈な人格に共感を覚えるのは独り成俔のみではあるまい。時代から疎外され、頼るべき宗門の保護もなく、教義からもはぐれながら、己の道を求めて彷徨《さまよ》う孤独な姿。そこには紛れもなく一個の人間の真摯な魂の叫び声がこだましていよう。十五世紀の朝鮮には、このような「個人」が誕生していたのだった。

「別れを惜しむ、枕頭児女の膝。夜は深し、雲雨に三生を約す」（『狂雲集』）とは一休宗純の辞世の句だが、信修が臨終にのぞんでいかなる感慨を抱いたのか、それを知るすべは残されていない。

(二) 僧の公共事業

信修の破戒三昧は形骸化した宗教倫理や、偽善に満ちた社会道徳への批判であったが、その一方で仏道修行を虚妄とし、社会活動に目覚めた僧もいる。

——慈悲という名の僧は直情径行。公卿大臣といえども名を呼び捨てにし、受け取った施しものはどれほど高価であれ、人が欲しがればみな与えてしまう。いつも襤褸《ぼろ》に破れ笠という身なりで、盛饌《ごちそう》も美味とせず、粗飯でも厭《いと》いはしない。けれども、モノを呼ぶ時には必ず「主《ニム》(様の意)」をつけ、石なら石主、木なら木主などというのだった。

慈悲の顎には傷跡があったが、それにはこういう由来譚《たん》がある。昔、慈悲が山に薪を採りに行ったところ、虎と熊が争っていた。そこで、傷つけ合うのをやめ和解するよう説くと、虎は聞き入れたものの、熊は納得しないばかりか、逆に慈悲に咬《か》みついてきた。その時、たまたま通りがかった杣人《そまびと》に助けられ、辛くも死なずにすんだのだという。

また、慈悲は橋や道路工事に献身的に加わっていた。ある時、人から「何ゆえ僧が山に入って修行せず、巷《ちまた》に出て労苦するのか」と問われると、「若い頃、師から山で十年苦行すれば悟りが得られると教えられ、金剛山(江原道《カンウォンド》北部にある名山)で五年、五台山(同じく江原道北部の景勝地）で五年のあいだ籠もったものの、何の成果もありませなんだ。また、法華経を百篇《ひやっぺん》誦せば功徳ありと聞き、やってみたものの、それも全くの無駄。そこで、はじめて仏道修行の虚妄で信じがたいことを痛感しました。僧というものはお国のためには何の役にも立ちませぬ。それゆえ、せめて橋や道でも造り、功徳を施せればと願った次第」と答えるのだった（『慵斎』巻七）。

錦衣玉食には目もくれず、高位高官にも気おくれすることなく、石や樹木さえ尊称をもって呼ぶのは、「本来無一物、何れの処《ところ》にか塵埃《じんあい》あらん」（『六祖壇経』）を志向し、「狗子《くし》に還《かえ》って仏性有りや」（『無門関』第一則「趙州《じょうしゅう》狗子」）と人間以外にも仏性を見極めんとする仏教者の面目躍如たるところだろう。また、虎と熊はかの檀君神話にも登場するように（『三国遺事』巻一）、朝鮮の説話世界では定番的な存在だが、牙をむいて争う猛獣に和の心を教えるのは、小鳥に神の教えを説いたというアッシジのフランチェスコ（一一八二〜一二二六年）より困難だったかもしれない。

さて、僧による道路建設や架橋工事といった公共事業への貢献が多いことは周知のとおり（これを越川功徳という）。日本でも大化二年（六四二年）に宇治川にはじめて橋をかけた高句《こうく》麗《り》出身の道登や（『日本霊異記』上巻、第十二）、百済《くだら》王族の末裔《まつえい》ともいわれる行基（六六八〜

七四九年）らの活躍が知られている。あるいは、道登や行基らが慈悲を知ったなら「同志」と呼んだかもしれない。とはいえ、慈悲の場合、それが仏教の功徳ではなく、仏道修行の虚妄性批判から発しているのは時代性というべきだろうか。僧形ではなく俗人の姿のままで念仏踊りに励み、京都の四条に大橋を架け、おのずと悟りに導かれて極楽浄土の彼岸に渡ることを希求したという東岸《とうがん》居士《こじ》（?～一二八三年。自然《じねん》居士の弟子）ともまた一味違う趣がある。

慈悲の他にも、土木技術に長《た》けた僧は少なくなかった。ある僧が構築した箭串橋《チョンクアンギョ》は長さ三百歩余りもあり（近代期に編纂された『京城府史』では、長さ七十八メートル、幅六メートルとする）、渡る人は平地を歩む如くだったという。国王の成宗がその技能を嘉《よみ》し、御幸用の済《チェ》川亭《チョンジョン》（漢江《ハンガン》北岸にあった。『東国輿地勝覧』巻三「漢城府」「楼亭」）を補修させようとしたことが記されている（一四八三年頃のこと。『慵斎』巻九）。

どれほど優れた技術があったとしても、一介の僧侶が多くの石を切り出し、長い橋を架けるのは容易ではない。実は、この地にはそれ以前から架橋工事が試みられていた。『世宗実録』二年庚子《こうし》（一四二〇年）五月六日癸酉《きゆう》の条に、太宗の別宮への往来に便利なよう、子息である世宗が造橋工事を命じた記録が見える。しかし、時期がよくなかったこともあり（梅雨の直前）、それから二十日ほどのち橋基を築いたただけで工事は中断されてしまった。おそらく、そのあとを利用して石橋を完成したものだろう。

因《ちな》みに、この箭串橋、かの興宣大院君李昰王《りかおう》（一八二〇〜九八年）により、壬辰倭乱《じんしんわらん》（秀吉の朝鮮出兵）で焼失したままだった景福宮の復元工事（一八六五年）で不足した石材を補うため、その半ば近くが取り崩されてしまったという。その後、解放後の一九七二年にようやく復元工事がなされ、今日でも利用されているそうだ。

また、このあたりは往時、ソウル郊外の景勝の地でもあった。「東郊の緑草　重《いくえ》に茵《しとね》を成し　郭《しろ》を出る多少尋芳の人……」と、都の人士がこの地で行楽する光景を詠んだ成俔の長兄成任の詩があり（『東国輿地勝覧』巻三「漢城府」題詠　箭郊尋芳）、また成俔もそれに和して、「雨余の芳草　翠《みどり》の茵《しとね》を鋪《し》き　蒲郊の春色　迷行の人」と詠《うた》っている（『虚白堂集』巻一「漢都十詠」）。

そのうえ、ここは野には鳥獣、河川には魚類が豊富なことでも知られ、貴顕たちがしばしば放鷹《ほうよう》（鷹《たか》狩り）を楽しんだ。成俔と親しかった李陸（成俔の三男世昌は李陸の娘を後添えとしている）の『青坡《せいは》劇談』には、ある士大夫が友人を誘い、この箭串でスッポンを賞味しようとしたところ、スッポンが夢枕に立って命乞いした話があるのもその反映だろう（食べられんとする魚鼈《ぎょべつ》が夢に現れる話は司馬遷の『史記』「亀策列伝」など、古今に類話が多い）。

ところで、この箭串橋は清渓川《チョンゲチョン》が漢江と合流する手前に位置する（ソウル市城東区沙斤洞《サグンドン》。地下鉄二号線の漢陽大《ハニャンデ》駅から南下すれば左手に見えるはず）。この橋、朝鮮語の固有語（非漢

字語）では살곶이다리《サルコジタリ》とも呼ばれるのだが、ここで少しばかり語源説に目を向けてみるならば、살《サル》は矢を意味し、「大夫《ますらを》の得物矢《さつや》手挿《たはさ》み立ち向ひ射《い》る圓方《まとかた》は見るに清潔《さや》けし」（『萬葉集』巻一、六十一）のサツと同語源とする説がかつてあった。また곶이《コジ》は岬を意味する곶《コッ》に由来するもので、つまり箭串橋とは河の流れに矢のように突き出た地に架けられた橋（다리《タリ》は橋の意）ということになる。

　語源のついでにもう一つ。この地には、矢に射抜かれた雉《きじ》が飛来したからサルコジと名づけられたとか、「第一次王子の乱」で継妃が生んだ子を太宗に殺され、怒った太祖が太宗を射ようと発した矢が逸《そ》れて刺さったところだから、などという地名由来説話がある。いずれも刺すとか挿入するという意味の朝鮮語の 꽂다《コッタ》 の名詞形 꽂이《コジ》 から連想されたものだろう。しかし、雉の話は猟場だったことの反映に過ぎないし、また太祖と太宗の確執の舞台としては場違いな感がぬぐえない。

　語源説はそれぐらいにして、話をもとに戻そう。世宗十一年（一四二九年）から翌年にかけ、首都整備のための大規模な土木工事が敢行された際、「前例」に従って不足する労働力に僧侶を利用した。のちの中宗《ちゅうそう》二十年（一五二五年）にも、僧を用いた地方港湾の浚渫《しゅんせつ》工事が上奏されているが、このように朝鮮王朝時代を通じ、国家政策として僧を労役に利用した事例は少なくない。その背景には単純労働力としてもさることながら、慈悲たちのような土木技術に長けた僧の存在があったからだろう。

「公共事業」への僧の貢献としては、もう一つ僧軍があげられる。戦闘に僧侶が参加した記録は古く三国時代に遡る。武臣の卓思政とともに九千もの兵を率いて契丹《きったん》と激戦の末に戦死した法言のように（一〇一〇年）、外敵の侵攻が激化した高麗時代には僧たちが華々しい戦いを繰り広げた。のちにはその名も「降魔軍《ごうまぐん》」と称し、正規軍として扱われるようになり（一一〇四年）、武臣の乱（一一七四年）やモンゴルの侵攻・紅巾賊《こうきんぞく》の乱などの内憂外患にも加わっている。壬辰倭乱のおりには、西山《せいざん》大師休静《きゅうせい》（一五二〇〜一六〇四年）や、その弟子で乱後に日本に渡って和平交渉まで行った泗冥《しめい》大師惟政《いせい》（一五四四〜一六一〇年）らの活躍がよく知られていよう。

（三）巷の快僧・傑僧たち

『慵斎』には、そのような勇ましい僧は登場しないが、代わりに巷の「快僧」たちの姿が描かれている。

――屋根にも軽々と手が届くほどの長身だったので、長遠心と呼ばれた僧がいた。無欲で居所に常なく、夜は墻《へい》のもとで眠り、病んで街中《まちなか》で伏せれば人々が争って食べ物を供してくれる。

旱魃《ひでり》や大水など国に災厄があれば弟子を集めて祈禱《きとう》にいそしみ、効験あらたかで多くの褒美が与えられた。けれど、千金を手にしても喜ばず、また失っても慍《いか》らない。着物をもらえば、男物でも女物でもお構いなし。あれば身につけ、なければ素っ裸。貰《もら》ったものも与えたものも数え切れず。相手が高位高官でも臆することなく、無学な婦女子でも見下すことなどなかった。

行き倒れがあれば葬ってやるのを常としていたが、或《あ》る日のこと溝に捨てられていた屍《しかばね》を運ぼうとしたところ、骸《むくろ》が背に取りついて離れない。そこで門徒らが祈禱すると、三日目にようやく解放されたのだった。

かつて、遠心が焼骨化身（生きたまま荼毘《だび》に付すこと）を発念した時のことである。弟子らに命じて柴を積んで台を作らせ、その上に座したものの、いざ激しい炎が迫ってくるや、苦しさに耐え切れなくなった遠心は煙に紛れて逃げ出してしまう。成仏したものと信じた弟子たちが泣きながら戻ると、遠心がすました顔で方丈に鎮座しているではないか。驚く弟子に向かい、遠心は「我は西天（インド）より来たり。四大すでに化せりといえども法身は常住不滅なり」と嘯《うそぶ》くや、掌《てのひら》を打って呵呵大笑するのだった（『慵斎』巻六）。

遠心は国初の僧とあるから、高麗末期から活動していたはずだが、その奔放な自由闊達《かったつ》さや同じ仏弟子でさえ欺き笑いとばす諧謔精神のありようは、信修や慈悲に先立ち、早くも時代性を体現していたといえるかもしれない。

とはいえ、『慵斎』には彼らのような奇矯に満ちた僧ばかりが記されているわけではない。例えば、懶翁《だおう》（一三二〇〜七六年）の徳を慕って多くの子女が集まるのを、何かの幻術を用いるものと邪推した儒生らが正体を暴かんと押し寄せたものの、逆にその威厳と気迫に満ちた姿に圧倒された話（『慵斎』巻六）がそうである。懶翁は一三四八年に元に赴き、インド僧の指空（?〜一三六三年。マガダ国の王族出身。一三三七年には高麗を訪れている）に師事し、帰国後は高麗の王師に任じられたほどの高僧だった。因みに、太祖の王師として名高いかの無学はこの懶翁の弟子である。

同じく、懶翁門下の一人に混修（一三二〇〜九二年。号は幻庵）がいた。『慵斎』巻六には、十三歳の時、狩に出たところ、子鹿を庇《かば》う親鹿を見て出家を決意。修行中から卓越した力を発揮し、禅問答で懶翁を感嘆させたり、また国王の辛禑《しんぐう》（高麗三十四代。在位一三七五〜八八年）から国師の位を与えられても喜ばなかったという（『高麗史』列伝、巻四十八「辛禑」三十九年二月の条。混修は次の辛昌《しんしょう》の時にも国師になっている。同前列伝、巻五十「辛昌」即位年六月の条）。やがて、死期を悟るや「……人の吾が帰処を識《し》るなく　窓外の白雲　翠屏に横たり」の偈《げ》を残して厳然と逝ったさまが、詳しく綴《つづ》られている。

それは混修が李成桂の帰依を受け、没後に普覚国師の諡号《しごう》を贈られたことや（一三九三年）、もともと詩画を通じて士大夫との親交があったからでもあるだろう。十二幅の山水画に李穡《りしょく》

（一三二八〜九六年。元で科挙に及第。朱子学に精通したのみならず、仏教にも造詣深く、多くの後輩を育成したが、李成桂一派に追随しなかったため、子息が死に追いやられるなど晩年は不遇だった）の詩の揮毫《きごう》を求めて満足したことや、また、のちにその絵を成俔自らが目にしたことが記されている。李穡は若い頃、この混修ら十八人の仲間と結社を組み、寺院で勉学に励んだことがあったという（「幻庵記」『牧隠文藁《ぼくいんぶんこう》』巻四所収）。

（四）詩僧と士大夫

「我が生　何処《いづこ》より来り　去って何処にか之《ゆ》く……尋思するも始めを知らず　焉《いずく》んぞ能く其の終わりを知らん……」

これはかの良寛（一七五八〜一八三一年）が残した漢詩の一節（『良寛詩集』）だが、古来詩作に長じた僧侶は多く、詩僧と呼ばれた。特に、禅僧は悟道の境地を詩に託して表現することが多く、日本では五山の僧たちが活躍し、禅風の詩境を示すものとして寒山などが好まれたことはよく知られていよう（寒山の詩集は元代の刊本をもとに、一五二九年に朝鮮でも翻刻されている）。朝鮮では特に高麗時代以降、慧諶《えしん》（一一七八〜一二三四年）や一然《いちねん》（一二〇八〜八九年）、普愚《ふぐ》（一三〇一〜八二年）ら多くの詩僧が輩出しており、その余波は成俔の時代にも及んでいた。

——わが国では仏教を崇拝すること久しい。新羅《しらぎ》の都では邸《やしき》より寺が多く、開城《ケソン》（高麗の都）でもそうだった……。王の第一子は太子となり、第二子は削髪して僧となるが、儒林の名士も皆これに効《なら》った。……太宗に至り、十二宗を改めて両宗（教宗と禅宗）だけにし、寺社所有の田を悉《ことごと》く没収した。それにもかかわらず、士大夫は親族のために法事を行い、僧を迎えて厚く遇するのに余念がない。また詩僧がおり、顕官と詩の応酬をするもの頗《すこぶ》る多く、書を読む儒生は皆山寺に籠もるのを常とする。毀瓦画墁《きががまん》（瓦を毀《こぼ》ち、壁に落書きする、すなわち功なくして害のみあることの喩《たとえ》。出典は『孟子』滕文公《とうぶんこう》篇）の弊があるとはいえ、儒者と僧侶が互いに頼りあう者また少なからず……（『慵斎』巻八）。

高橋亨《とおる》はその大著『李朝仏教』で、朝鮮には早婚の風習があり、しかも妻が年上の場合が多い。そのため、勉学にいそしむべき若人が怠惰に流れ、健康を損なうことも多く、それを防ぐ目的で科挙及第まで山寺での勉強を強いたのだという。早婚の風習はモンゴルの高麗侵入以来、元への処女貢納が強要され、それを避けようと娘の婚姻を急がせたことに由来するともいわれるが、その真偽はともかく、高橋の指摘のように、房事過多の弊害抑制が主たる目的だったとするのは少々うがち過ぎのような気がしなくもない。

また、その一方で、『経国大典』刑典・禁制には「儒生・婦女で寺に上った者は杖《つえ》一百に処す」という上寺禁止条例があり、この読書上寺とは矛盾するが、殆ど問題にならなかった。なぜならこの禁止条例が有名無実だったからである。

ところで、この読書上寺の風習は現代まで存続していた。筆者の韓国の知人に、大学受験のため寺に籠もって勉強した経験のあるものがいる。今でも田舎に行けば残っているかもしれないが、浮世の雑念を払うには現代でも格好の方途《ハウツー》といえよう。成俔《せい》の二人の兄である成任と成侃《かん》も朝鮮有数の古刹の一つである檜巌寺で読書に励んでいる。なお、この檜巌寺は山水の地形がインドの阿蘭陀《おらんだ》寺に似ていると指空《ひがん》が言ったのに因んで、懶翁が創建した寺であると李穡は伝える（「天宝山檜巌寺修造記」『牧隠文藁』巻二）。

李穡には「読書処歌」という楽府体の作品があり（『牧隠詩藁』巻十七）、韓山の崇井山、喬《キヨ》洞《ドン》（江華島《カンファド》）の華蓋山《ファゲサン》、漢陽の三角山、見州の紺嶽山《カマクサン》・青龍山、西州の大屯山、平州の牡丹山など、二十歳以前に籠もって勉学に励んだ山寺を懐かしげに詠んでいる。朝鮮士大夫と山寺との関わりの深さを示す好例といえよう。

余談だが、この読書上寺、近ごろでは「Temple Stay」と名を改め、読書ではなく、各種のイベントで観光客誘致に一役買っているそうだ。なべて移ろいゆくのは世の常。とはいえ、仏の教えより横文字信仰のほうが力ありげに見えるのは「いずこも同じ秋の夕暮れ」、もしくはグローバリズムという名のモノカルチャー化とでも言うべきだろうか……合掌。

さて、この檜巌寺には先に述べた混修の高弟で、深い学識と優れた詩才で知られた屯両（号は卍雨《まんう》）という僧がいた。李穡や李崇仁（一三四九～九二年。号は陶隠。明の科挙に首席となったほどの学才で知られる。鄭道伝《ていどうでん》と同じく李穡に師事するも、のちに鄭道伝らと袂《たもと》をわかったため、鄭の遣わした刺客によって配所で杖殺《じょうさつ》された）ら当代きっての文人と親交があり、江湖の人望を集め敬われたという。

ある時、この屯両が日本から使者としてやってきた僧の文溪《もんけい》のため、「水国の古精社　洒然《しゃぜん》無位の人　火馳おのずと息《や》み　柴立さらに誰か親しまん……」という詩を作ったところ、文衡《ぶんこう》（科挙の主査。大提学の別名で、弘文館・芸文館の正二品。『経国大典』巻一吏典）の任にあった卞季良《べんきりょう》（一三六九～一四三〇年。若くして科挙に及第。外交文書に巧みで太祖の信頼も篤く、二十年ものあいだ文衡をつとめた）が、「洒然無位の人」より「蕭然《しょうぜん》絶世の人」がよいとして、勝手に詩句を改めてしまった。それを知った屯両は「卞公、真に詩を知らざる者」と口を極めて罵り、会う人ごとに悔しがったという（『慵斎』巻六）。

無位の人とは無位真人、つまりいかなる枠にもとらわれない真の自由人の意であり、『臨済録』にもとづく語なので屯両が拘《こだわ》るのも当然だろう。洒然と蕭然、無位の人と絶世の人のあいだには、僧と士大夫間の微妙なイメージ差が感じられて興味深い。

（五）詩句の争い――文人相軽ンズ

詩人たちの詩句をめぐる対立は古来絶え間なかった。「年年歳歳花相似たり　歳歳年年人同じからず」の佳句を譲る譲らないで、宋之問《そうしもん》（六五六？～七一二年）が劉希夷《りゅうきい》（六五一～六七九年）を殺害したという逸話はよく知られていよう（『唐才子伝』巻一など）。朝鮮でも、『三国史記』の撰者である金富軾《きんふしょく》（一〇七五～一一五一年）が、鄭知常《ていちじょう》（？～一一三五年）の「琳宮に梵語罷《ぼんごや》み　天色浄《きよ》きこと瑠璃《るり》たり」を自作とするため、政争にかこつけて死に追いやったところ、のちに鬼神となった鄭に厠《かわや》で睾丸《こうがん》を握りつぶされ、絶命したなどという作り話がある（李奎報《りけいほう》『白雲小説』）。この『白雲小説』自体は後世の偽作である可能性が高いが（柳在泳『白雲小説研究』）、金が鄭の才能を妬むあまりに殺害したとする伝承は『筆苑《ひつえん》雑記』巻一でも記され、筆者の徐居正《じょきょせい》によれば両者の「文字間の積不平」は早く金台鉉《きんだいげん》（一二六一～一三三〇年）の『東国文鑑』（現存せず）に見えるという。

　日本でも平安貴族のあいだには歌合《うたあわ》せなどで詩歌の優劣を競う「闘詩」があった。国文学史上名高い村上天皇主催の天徳四年（九六〇年）の内裏歌合せでは、壬生忠見《みぶのただみ》（壬生忠岑《ただみね》の子）の「恋すてふ我が名はまだき立ちにけり人しれずこそ思ひそめしか」と、平兼盛の「つつめども（『拾遺和歌集』では「忍ぶれど」）色に出でにけり我恋はものをや思ふと人の問ふまで」の競詠となったが、負け歌と判定された壬生忠見が絶望のあまり、食事がのどを通らなくなって死に至ったとの説話がのちに生まれている（『沙石《させき》集』巻五「歌ユヘニ命ヲウシナフ事」）。

これらはいずれも逸話伝承の類いであって、事実そのものではないにしても、文人たちの作品に対する執着心をリアルに形象化したものといえよう。その状況は朝鮮王朝の士大夫でも変わらなかった。先に述べた卞季良にまつわるものとして、徐居正の『東人詩話』には、卞季良が金久冏《きんきゅうきょう》（詩文に秀で、集賢殿直学士をつとめ、通信使として日本にも何度か訪れたことがある）の詩「駅楼酒を挙げ　山は席に當《あ》たる　官渡詩を哦《が》し　雨は船に満つ」の「席に當たる」は「席に臨む」にすべきだと評して対立したとの話が見えるが（徐居正の『筆苑雑記』巻二でも言及あり）、『慵斎』ではさらに詳しい事情を付す。

――春亭（卞季良の号）は陽村（権近の号）をついで文衡となったものの、その文章は軟弱であり、詩才をもって世に知られる金久冏は春亭の作品を見るたびに哂《わら》ってバカにするのだった。

ある時、春亭が田舎で静養中に「虚白は天に連なる　江渚《こうしょ》の暁　暗黄は地に浮かぶ　柳郊の春」の句を得て自ら誇り、都に戻って上奏しようとした。それを知った金は「かくも拙き詩句を上奏するとは、かえって上を無《な》みするもの」と非難し、自作の「駅楼（『慵斎』では駅亭とする）酒を挙げ……」こそ上奏にふさわしい出来栄えだとした。すると、春亭は「當の字は臨とすべきだ」と指摘。そこで両者がそれぞれ典故を示して自説を主張したが、埒《らち》はあかない。その後しばらくして、春亭が「楽天亭記」（楽天亭は前述の箭串にあった。太宗の命により、朴訔《ぼくぎん》が『易』繋辞伝上の「天を楽しみ命を知る、故に憂えず」にもとづいて命名したもの。『東国輿地勝覧』巻三「漢城府　楼亭」）を執筆し、金を呼んで見せたところ、金は「この性理に関する論は『中庸』の真似だ」とまた酷評してやまないのだった。金久冏は自分の才を頼んで傲慢であり、後輩でありながら先輩を見下すことが多かった。そのため、春亭から憎まれて官界での栄達を阻まれ、終生不遇のままだったという（『慵斎』巻三）。

「性、狷介《けんかい》、自ら恃《たの》む所頗《すこぶ》る厚く、賤吏《せんり》に甘んずるを潔しと」しないあまり、山に入って虎となったのは中島敦『山月記』の主人公だが、この金久冏など、さしずめ詩文世界のはぐれ虎というべきだろうか。もっとも、「文人相軽ンズ」（魏文帝「典論」『文選』巻五十二）は世の常で、金久冏のうぬぼれだけに非があったわけではないようだ。『慵斎』には続けて、次のような卞季良の「悪癖」が記されているからである。

——春亭は酷《ひど》く吝嗇《りんしょく》で、わずかなものでも惜しんで人に貸し与えず、切り分けた冬瓜《とうがん》にさえ印をつけようとする始末。客と酒を飲めば、杯数を確認したうえ、もったいぶって酒瓶に封をするので、客たちは春亭の顔色をうかがっては早々と退散するのが常だった。かつて興徳寺で『国朝宝鑑』（歴代君主の模範的な治績を編年体で編纂したもの。王朝末期まで継続して作成された）を編纂した時のこと、世宗が春亭の文章を嘉《よみ》し、褒美として宮中から豪華な盛餐《せいさん》を下賜させたところ、同僚たちも先を争って祝いの酒食を贈った。すると、春亭はそれらをすべて屋敷の部屋に貯《た》め置き、腐るにまかせるばかりで下々の者に一切与えようとはしない。やがてウジがわき、悪臭が立ち込めるようになると、片端から捨てさせるのだった（『慵斎』巻三）。「如《も》し周公の才の美有りとも、驕《おご》り且《か》つ吝《やぶさ》かならしめば、其の余は観《み》るに足らざるのみ」（『論語』泰伯篇）とは孔子の言葉だが、もし、これが事実なら、卞季良はおよそ人望に欠けていたことは容易に想像がつく。とはいえ、そのような人物が文衡の地位に長くあったとは俄《にわ》かに信じがたく、或《ある》いは、成俔には卞に対する何か含むところがあったのかもしれないが、成俔の生まれる九年前に卞は没しているので、個人的な怨恨といったものではないようにも思われる。成俔は新羅以降、歴代の文人を評した一文で、「陽村（権近の号）と春亭は文柄をとると雖《いえど》も、牧隠（李穡の号）に及ぶ能《あた》わず。而《しこう》して春亭尤《もっと》も卑弱なり」（『慵斎』巻一）とこき下ろしているのを見れば、やはり文学上のスタイルの違いがもたらしたものだろうか。それにしては「率直」というには度の過ぎた月旦（人物評）であるようだ。

　朝鮮士大夫たちの規範とした「文」なるものの基準は時代によって変遷しているのだが、ここでその詳細に立ち入る暇はないので、代わりに、金允植《きんいんしょく》（一八三五〜一九二二年）の「答人諭青丘文章源流」（『続雲養集』所収）を紹介しておく。

――昔、三国（三国時代のこと）中葉以降　公用の文字は皆『文選』に倣う。……麗朝（高麗）に至ってなお然《しか》り……その季に及び、益斎（李斉賢）・稼亭（李穀）・牧隠（李穡）の諸公、唱えて「古文辞」を為《な》し、大いに世に鳴る。継ぐに陽村（権近）・春亭（卞季良）を以《もっ》てするも、駢儷《べんれい》の旧に一変せしむ。その後、佔畢斎《てんひつさい》（金宗直）・乖崖《かいがい》（金守温）・四佳（徐居正）・虚白（成俔）ら大家を以て称す……。

要するに、朝鮮の漢文学の流れからいえば、卞季良は四六駢儷体のような旧態依然たるスタイルによる守旧派だったということだろう。しかし、逆にそれだからこそ国家の公的な文書のようなフォーマルな文書作成は得意なのであって、国王から重用されたものと思われる。

文学上の立場の違いはともかく、同じく卞季良と金久冏の対立を扱っても、どこか距離を置いて傍観者的な叙述に終始する徐居正とは対照的に、暴露趣味的なまでに率直な成俔の物言いこそは『慵斎』を読む醍醐味《だいごみ》といえよう。

（六）日本僧文渓と成石璘《せいせきりん》

さて、先ほど述べた屯両と卞季良の詩句の争いのきっかけとなった日本僧文渓とは福岡在住の文渓正祐のことで、一四二〇年に日本を訪れた宋希璟《そうきけい》（一三七六～一四四六年）の旅行記『老松堂日本行録』にもその名が見える。文渓は一四一九年に九州探題の使者としてソウルに赴き、翌年に宋希璟に同行して帰国。その後も何度か朝鮮を訪れ、滞在中に多くの文人たちと交わった。一四四〇年に朝鮮に渡った文渓の弟子の知融によれば、その十五年前にも文渓は朝鮮に滞在しており、帰国に際して舎利殿寺（おそらく興天寺の舎利殿のことだろう）で独谷老人から

昔聞日域出高僧　昔聞く　日域に高僧出づと
今見文渓果未曾　今見る　文渓の未《いま》だ曾《かつ》て果たさざるを……

の詩一篇を贈られたという（『世宗実録』二十二年庚申《こうしん》（一四四〇年）五月二十日辛酉《しんゆう》の条）。詩中の「果未曾」は「未曾果」を押韻の関係で倒置したもの。その意味するところはややわかりにくいが、「昔、日本に高僧が現れたと噂《うわさ》に聞いたが、いま文渓に会い、他のどの僧も果たせなかったほど高い境地に達しているのを知った」といったところだろうか。

これについて村井章介氏は『東アジア往還』で、文渓と詩を贈答した独谷老人を、舎利殿寺の耆宿《きしゆく》（耆宿とは学徳ある老人の意）とあることから、朝鮮の老僧の一人とされた。しかし、

独谷とは高麗末から朝鮮初期にかけ活躍し、領議政（行政府の最高機関である議政府の首職）までつとめた成石璘（一三三八〜一四二三年）の号であり、独谷老人とはこの成石璘である可能性が高い。なぜなら、「昔聞く……」の詩は、その文集『独谷集』に「送日本文渓禅人還帰五首」の第一首として収録されているからである（同集には、この他にも「次韻二首」「復次文渓上人還帰詩韻　三首」が収められている）。ただ、少々疑問なのは、成石璘の没年（一四二三年）と文渓の訪朝年（1440－15＝一四二五年）に径庭があることだが、知融の記憶違いかどうか、今のところ定かでない。

成石璘は父の汝完とともに、耆老所《きろうじよ》（老齢に至った高官らの親睦と慰労のために設けられた機関。『経国大典』吏典・礼典）への入所を賜ったほどの名士だった（朝鮮王朝五百年のあいだで父子ともに耆老所に継入した家門は四十三例のみだという。朴尚煥『朝鮮時代耆老政策研究』）。『慵斎』の記述から見るに、高麗から朝鮮王朝への激動期を兄弟仲よく力をあわせて乗り切った人物のようである。

（七）水国――日本の面影

話が前後するが、屯両の詩についてもう一つ書き足しておきたい。先にあげた屯両の作品は

『東文選《とうもんぜん》』（中国の『文選』に倣い、一四七八年に編纂された朝鮮漢詩文の集大成。三国時代から十五世紀に至る代表的な作品をジャンル別に収録。総百五十四巻）の巻十にも掲載されているのだが、そこでは先ほど問題になった詩句が「相国の古精社　洒然無位の人」と屯両が拘った「洒然無位」のままになっている。『東文選』収録に際し、卞季良ではなく屯両の意向が優先された経緯は不明だが、それもさることながら、注意すべきは『慵斎』では「水国」だったのが、『東文選』では「相国」となっていることだ。

たびたび引用して恐縮だが、村井章介氏はこの「相国」にもとづき、日本僧文渓が京都の相国寺にいた可能性を示唆された（『東アジア往還』）。確かに、『海東諸国記』を著したことでも知られる申叔舟《しんしゆくしゆう》（一四一七〜七五年）は「日本国栖芳寺（西芳寺のこと）遇真記」（『保閑斎集』巻一）で、「癸亥《きがい》（一四四三年）の春に命を受け、日本通信使書状官となる……数月をへて京都に達するを得、東山の慶雲寺に館《やど》る……孟秋上澣《じようかん》六日　相国寺に遊び、三日を越えてまた西山の天竜寺に遊び、遂《つい》に栖芳寺を歴《へ》て息《や》む……」と相国寺や天龍寺など、京都の諸寺に言及している。また、金誠一（一五三八〜九三年）の『海槎録《かいさろく》』や南龍翼（一六二八〜九二年）の『扶桑録』など、後世のいわゆる朝鮮通信使の記録でも相国寺の名は散見されるから（いずれも『海東捴載』所収）、歴代の日本通信使にとって相国寺が馴染《なじ》み深かったことは確かだろう。

しかし、金《キム》성진《ソンジン》が「麗末鮮初　韓日両国通信使の不伝行録について」（『麗末鮮初漢文学の再照明』）で指摘するように、朝鮮に派遣された時、文渓は九州探題の使臣であって、宋希璟を妙楽寺（博多）の房で茶の接待をしていることからすれば（『老松堂日本行録』）、文渓の相国寺滞在説にはやや疑問が残る。『東文選』と『慵斎』はほぼ同時代に成立しているものの、詩が生まれた「現場」への近さを思えば、或いは成俔が記したように、屯両の原詩では「水国」だったと解するのが穏当かもしれない。些細《ささい》なことではあるものの、詩句一つで解釈の違いが生まれる例として、注意を喚起しておきたい。

因みに、鄭夢周《ていぼうしゅう》（一三三七～九二年）も「洪武丁巳奉使日本」で、「水国　春光動き、天涯客未《いま》だ行かず……」と日本の形容に水国なる語を用いている（『圃隠集』巻一、および『東文選』巻十所収）。水国とは河川や沼沢などが多い地域をさす言葉だが、では、なぜ鄭夢周は日本を水国としたのだろうか？　それは、日朝両国の地質の違いに起因するものかもしれない。韓国の農村を訪ねればすぐ気づくことだが、日本と違ってため池が極めて少ない。それは岩石分が多く、水はけのよすぎる地質のため、池などの灌漑《かんがい》施設を造りにくかったからである。

太宗十三年（一四一三年）にソウルの龍山《ヨンサン》から崇礼門（南大門）まで運河を引いて、船舶交通の便宜を図ろうとしたことがあった。しかし、太宗が「わが国の土地は沙石が多く、水を保てるかどうか」と疑問を呈し、結局実施が見送られたことからも、そのことがわかろう（『太

宗実録』十三年癸巳《きし》（一四一三年）七月二十日丁酉《ていゆう》の条）。

十五、六世紀は朝鮮農業技術の転換期でもあったが、水利のため導入された水車も河川周辺に水が溜《た》まりにくいという土質のため頓挫している（李泰鎮「十六世紀の川防灌漑の発達」）。

また、一九二〇年代、植民地統治下の朝鮮では産米増殖計画が推進されたが、やはり水田拡張に必要な水利事業には困難が伴った。そのため費用がかさみ、それが小作料に上乗せされたため、困窮して土地を失う農民が続出する一因になったともいわれる。二〇〇八年に発足した李明博《イミョンバク》政権は多くの反対意見にもかかわらず、韓国を縦断する大運河構想を強行し、天下の「愚策」と批判された。愚策かどうかは後世の評価にゆだねるとして、砂土に沁《し》み込む水のように国家予算が漏出したことだけは確かなようである。

それはともあれ、鄭夢周は洪武丁巳（一三七七年）の九月から翌年の七月まで、一年近く日本に滞在している。倭寇《わこう》の取り締まりと人質になった高麗人の返還交渉のため、今川了俊のもとに赴いたのだが、緊張を強いられる交渉のあいだに、日本と朝鮮の地質の違いにまで気づいていたとすれば、さすがに慧眼《けいがん》と言わねばなるまい。

第二章　パンス――盲僧の占卜《せんぼく》・祈禱《きとう》・呪詛《じゅそ》

僧侶のついでに、姿かたちは僧形ながら似て非なるパンスなる存在について紹介しておきたい。

ソウル市北方の弥阿里《ミアリ》といえば、古くは歌謡曲「ミアリ峠」の舞台として、また九〇年代まででは「テキサス村」と呼ばれる私娼街《ししょうがい》があった地域として知られる。その街の一角には、パンスと呼ばれる盲人の占い師たちが集団で住む「占い村」があり、筆者も一度訪れたことがある（拙著『コリアの不思議世界』参照）。彼らは占卜を主たる業としており、かつてのように伝染病や精神病患者の治療のため、桃の枝を振りかざして道教経典の「玉枢経《ぎょくすうきょう》」を誦《じゅ》すというような呪術はさすがに行われなくなっているが、近代期の朝鮮では占卜と並んで読経・加持祈禱がパンスの重要な仕事であった（近代期のパンスの様相については、朝鮮総督府『朝鮮の鬼神』や『朝鮮巫俗の研究』など参照）。朝鮮王朝時代においても同様だったはずだが、管見の及ぶ限りでは資料はさほど多くない。

（一）パンスの諸相

絶世の美女春香と李道令の波乱万丈の恋物語『春香伝』を知らぬ人はないだろう。質朴な太鼓の伴奏にのせ、肉声だけで森羅万象の音と声、人の世の喜怒哀楽を語りつくす、韓国伝統芸能のパンソリの演目としても親しまれている。近代期から何度も映画化されており、最初の映画化は一九二三年で監督は日本人早川孤舟だった。それ以降、韓国の黒澤明とも呼ばれる林《イム》権沢《グオンテク》監督の九十七作目である『春香伝』（二〇〇〇年）に至るまで十作品が作られている。

さて、パンソリ『春香伝』の後半部で、春香が好色な悪代官の求めを拒んで牢獄《ろうごく》に繋《つな》がれた時、夢占いを盲人に頼むシーンがあることをご記憶だろうか。窓には桜桃の花が乱れ散り、姿見の鏡はまっぷたつ。しかも戸の上に案山子《かかし》が垂れ下がるという奇怪な夢を気に病んだ春香が通りがかりの占い師に夢占《ゆめうら》を頼む。花が散れば実を結び、実は木の子どもだから李《すもも》（木＋子＝李、ここでは李道令のこと）を意味し、そして破鏡には古《いにしえ》に縁を求める故事があり、案山子は弊衣破笠《へいいはりゅう》を示す。つまり、李道令が昔の縁を求めて襤褸《ぼろ》をまとって現れると見事な夢解きをし、春香と李道令の再会を暗示したのだった（『パンソリ』）。

この占卜を業とする盲人こそがパンスなのだが、パンスは『慵斎《ようさい》』にもしばしば姿を見せている。

――読経の盲人（パンスのこと）らは皆剃髪《ていはつ》し、世間ではそれを禅師と呼んだ。金乙富という年老いた禅師がいた。広通橋《クアントンギョ》（ソウル鍾路《チョンノ》付近にある橋の名。今も地名が残る）のたもとで卜筮《ぼくぜい》を業とし、たくさんの人が占ってもらったが、外れることが多かった。そこで婦人たちは皆、広通橋の禅師が凶と言えば、それは吉に違いないと嘲るのだった……（『慵齋』巻八）。

占いが当たらなくて婦人たちから揶揄《やゆ》される僧形の盲卜の姿を通じ、ソウルの巷《ちまた》に浸透していたパンスの存在をうかがうことができよう。また、『睿宗《えいそう》実録』元年己丑《きちゅう》（一四六九年）六月二十二日甲戌《こうじゅつ》の条には宗室（王族）の孫娘である李氏という女が十人もの子をなしながら、夫の死後は僧を相手に淫乱を恣《ほしいまま》にしたのち、「陽道壮偉」（精力絶倫）な男と再婚したものの、数年後にまた死別してしまった。すると、以前に自分の運勢を占った盲卜の「きっと三人の夫に嫁ぎ、その最後の者と必ずや百年偕老《かいろう》するだろう」との言葉を思い出し、「神なる矣哉《かな》、盲之《の》言也《なり》（よく当たるわ、パンスの占いって）」と感嘆し、夫の遺骸《なきがら》を前にしながら「最後の男と偕老できるかしら」と呟《つぶや》いたという話が見える。これは忠清北道《チュンチョンブクト》（韓国中部）の丹陽郡《タニャン》が舞台であり、パンスが都のみならず地方でも活動していたことがうかがえよう。

これらの例はいわば「個人営業」だが、パンスたちは集団活動もしていた。

――都には明通寺と呼ばれる盲人たちの集会所があり、月に二度集まっては読経と祈禱に励んでいた。位が上の者は堂内に入り、下の者は門を守って部外者の通行を阻む。そこで、ある書生が密《ひそ》かに入り込み、梁《はり》の上に上ると、盲人たちの撃つ鐘の紐《ひも》を引っ張り上げたため、撥《ばち》を空叩《からだた》きした盲人らは手探りしながら紐を下ろして打とうとした。すると、また書生が紐を上げる。それを四、五回繰り返すや、盲人たちが騒ぎ始めた。「これはきっと壁にいる蝙蝠《こうもり》の仕業だ」と壁をまさぐったが何もいない。そこで「ニワトリが梁の上にいるに違いない」と、長い竿《さお》ではたき始めた。堪《こら》え切れずに床にころげ落ちた書生は縛られたうえムチで打たれ、ほうほうの体で逃げ出したのである。

それから数日後、再び忍び込んだ書生は麻縄を手に厠《かわや》に向かい、入ってきた盲僧の陽根を縛り付けて引っ張った。大声で助けを呼ぶ声に、集まってきた盲人らは「きっと鬼神に祟《たた》られたに違いない」と太鼓を叩いて祈禱したり、薬を買いに走ったりと大騒ぎしたのだった（『慵斎』巻五）。

この明通寺は確かに存在した。『太宗実録《たいそう》』十七年丁酉《ていゆう》（一四一七年）六月十六日庚子《こうし》の条には、「繕工監《ぜんこうがん》（土木・営繕工事などを司《つかさど》る官庁）に命じて明通寺を改営せしめ、奴婢《ぬひ》十口を給《たま》う。五部（朝鮮時代、行政上ソウルを東・西・南・北・中部の五部に分けた）の盲人の会所なり」とある。つまり、ソウル中のパンスたちの集会所としての明通寺は建物のみならず、奴婢に至るまで国からの援助があったというのだ。彼らがそのような保護を受けたのは、朝廷と密接な結び付きがあったからだが、それについては後述する。

明通寺の場所についてであるが、林安秀氏は『韓国盲人研究史』でソウル五部の北部にあった明通坊の地名に由来するものであり、従ってその中に位置したと推測した。なぜなら、北部には朝鮮初期の道教儀式を司った昭格署や、朝廷に仕えたパンスが勤務した観象監も置かれていたからである。一応、妥当な推論だろう。

しかし、朝鮮後期の著名な博学者李圭景《りけいけい》（一七八八～?・年）は「明通寺弁証説」（『五洲衍《ごしゆうえん》文《ぶん》長箋散稿』巻四十七）で、明通寺は城中南部の永禧《えいき》殿（王族の御霊を奉安する所。そこでの儀式は『国朝五礼儀』に詳しい）の下馬碑の向かいにあった盲庁（朝鮮後期の盲人組織）の前身がそれだとする（『東国輿地備攷《よちびこう》』巻二にも同様の記述あり）。この「城中南部」がソウル五部の南部だとすれば、北部の明通坊とは合致しない。盲僧研究で知られる永井彰子氏も場所については保留としておられるが（『日韓盲僧の社会史』）、より詳しい検討が必要なようである。

（二）パンスの起源

ところで、そもそもパンスとはいつ、どこで始まったものだろうか？　これについて徐居正《じよきよせい》

（一四二〇～八八年）は、「士大夫の家、歳初ごとの祈福・繕修・営造の攘災《じょうさい》には必ず盲瞽《もうこ》五六七人を用いて読経せしむ……盲瞽の祈福攘災は古人に見えず、中国に行われず。但《た》だ、わが国の時俗相伝の故事なるのみ」（『筆苑《ひつえん》雑記』巻二）と、パンスは中国にもなく、朝鮮独自のものだと主張した。

実学派の先駆者である李睟光《りさいこう》（一五六三～一六二八年）に至っては、「わが国の人、中国の及ばざるところ四あり。曰《いわ》く、婦人の守節。曰く、賤人《せんじん》の執喪。曰く、盲者の能卜。曰く、武士の片箭《へんせん》（小型の弓矢。古来、朝鮮の武人は弓術に優れた。韓国のアーチェリーの強さもこの伝統に由来するとか）……」（『芝峰類説』巻十六、語言部「雑説」）と、女性の貞節や身分賤《いや》しき者でも葬礼を守る儒教倫理の浸透と並べて、パンスの占卜能力の高さを挙げているほどである。

しかし、これについてはすでに朝鮮近代の民俗学者である孫晋泰《ソンジンテ》（一九〇〇年～？）により、中国の洪邁《こうまい》（一一二三～一二〇二年）の『夷堅志《いけんし》』や紀昀《きいん》（一七二四～一八〇五年）の『閲微《えつび》草堂《そうどう》筆記』などの文献資料を通じ、かの地における盲人の占卜者の存在が確認されている（「盲覡《もうげき》考」『孫晋泰先生全集』巻二）。また、同じく孫晋泰はパンスなる言葉の語源についても、ウラル・アルタイ諸民族間に広く分布する男覡《だんげき》（男性シャーマン）の呼称である、bahsih（女真語）・faksi（満州語）や baksi（ツングース語・蒙古《もうこ》語）などと同系だと指摘した。盲卜の類いは判数《パンス》（この場合の数は命数、すなわち運勢の意）とか、判事《パンサ》、あるいは博士《パクサ》と漢字表記されることが多いが、その淵源がどこにあるかがうかがえて興味深い。

パンス語源説で思い出したが、いつか韓国の女性研究者相手に盲僧の話をするうち、ついつい熱が入ってパンス、パンス、パンスと連呼してしまった。すると、彼女が急に顔を赤らめて恥ずかしそうにする。怪訝《けげん》に思って理由を尋ねると、私のパンス（판수《パンス》、息を強く出す激音）の発音が下着のパンツ（빤스《パンス》、息を詰める濃音）のように聞こえるので、周りの人に誤解されないかと気がかりだというのだった。嗚呼《アイゴ》、韓国語は難しい……。

余談はさておき、先にも引用した李圭景の「明通寺弁証説」では一風変わったパンスの発生説を述べているので、これも紹介しておこう。朝鮮国内では海西（朝鮮北部の黄海道《ファンヘド》の別称）の鳳山《ポンサン》や黄州《ファンジュ》には特にパンスが多いが、それはその地域に地陥（地盤の陥没）の災いが多いからだという。その理由について明らかにしていないが、筆者が思うに、地面が陥没すれば埃《ほこり》が多く空中に浮遊し、そのため目を病む者が多数生じ、結果、パンスが増えたということではないだろうか。風が吹けば桶屋《おけや》が儲《もう》かる式の発想で面白くはあるものの、李圭景自身も信じるに足らぬと否定している。

(三) 成俔《せいけん》兄弟とパンス

――占卜で名高い金叔重なるパンスがいた。あるとき、生員(地方での試験を経て都で実施される講経試験の合格者。次の文科試験に及第すれば官員候補と見なされる)の朴雲孫が成均館の女奴婢に横恋慕したあげく、その夫を殺したため死罪に問われた。結審の日、刑曹に招かれた叔重も居並ぶ官の傍らにいたところ、正朗(中央官庁である六曹の正五品の官職)の盧懐《ろかい》慎《しん》が叔重に、「あやつの命は旦夕に迫っているが、助かる道はあるだろうか?」と尋ねた。すると叔重はしばらく推命(占い)を行ってから答えた。

「刑を免れるのみならず、官途は開け、危うき事もありません。あなた様はこの者の逆になるでしょう」

それを聞いた人々は占言の荒唐無稽さを嘲笑した。ところが、朴雲孫は死刑になる日に脱走して刑を免れ、そののち三品の位を得るまで出世し、七十まで長生きしたのに、盧懐慎はそれからいくばくもなく早逝してしまったのだった(『慵斎』巻八)。

成俔の父もまたこの金叔重を遇すること篤《あつ》かったという。成俔が五歳の時、死の淵をさまようほどの重い病に罹《かか》った。そこで叔重が呼ばれ、成俔ら三兄弟らの吉凶が占われた。すると、長兄の成任《せいにん》は「福禄長久にして、官は吏判（吏曹判書のこと。吏曹は六曹の一つで、文官の勤務評定を司る。判書はその首職で、正二品）に至る」、仲兄の成侃《せいかん》は「清貴なるも長からず（短命）」、そして成俔は「福禄は長兄に等しきも、栄華はこれに過ぎ、虎狼《ころう》の穴に置くといえども害されず」と出たが、みなそのとおりになったのだった（同前）。

成俔家と占卜者の関わりはまだ続く。

——兄の成任が科挙及第する前の頃、上舎（ここでは生員、または進士のこと）の李寛義とともに金孝順というパンスを訪ねて占ってもらった。成任には「今年は必ず及第し、末には大いに出世する」と出たのに、李のほうは「終生うだつのあがらないままだ」と言われてしまった。李は自他ともに認める文才の持ち主で、科挙などたやすいものと自負していたため、この占言に驚き失望し、嗚咽《おえつ》して泣き止まない。そこで金が「しかしながら、晩年には慶会楼（景福宮内の楼。王と臣下の宴《うたげ》などによく用いられた）で国王にまみえることもあろう」と慰めたのだった。その後、果たして李は科挙に受かることもなく田舎に埋もれていたが、七十になると逸民（才徳がありながらも登用されない「野の遺賢」の意）として宮中に招かれた。国王の成宗《せいそう》の前で治道を論じ、「真に用うべき才」として称賛されたものの、老齢のためにやはり仕官はかなわず、褒美を賜ったのみだった（同前）。

大の男がたかが占いぐらいで声をあげて泣くとは、などと哂《わら》うなかれ。朝鮮の士大夫にとり、科挙や官界での帰趨《きすう》は本人のみならず、一門の浮沈をかけた文字どおりの畢生《ひっせい》の一大事であり、その思いの切実さたるや、恋占いの類いに熱中する今日の婦女子の比ではないのである。

――いま、わが家の隣に金山実という占い師がおり、丁未《ていび》・戊申《ぼしん》の年（一四八七、八八年）の吉凶を尋ねてみた。すると、「大明が初めて興ったところから万里に届く光輝が見える。これは官路に飛揚する兆《きざ》しで、必ずや高官の地位を得るだろう」という。その年は明《みん》の弘治《こうち》皇帝（孝宗《こうそう》）が即位した時だった。私（成俔）は謝恩使（朝貢のため中国皇帝へ派遣された使者）として中国に赴いたが、そのことと符合するものだろう。金山実の高官を得るというのは誤りだったとしても、兆しを感知したことは嘘《うそ》ではない（同前）。

信じるから当たるのか、当たるから信じるのかはニワトリと卵の関係だろうが、「盲信」はしないものの、それなりの熱意と期待をもって利用するというのが朝鮮士大夫の占言一般に対する態度であったようだ。

（四）政争とパンス

このようなパンスによる占卜は、記録のうえでは高麗《こうらい》時代まで遡ることができる。例えば、元宗《げんそう》代の権臣だった金俊《きんしゅん》（？～一二六八年）が、自分を謀殺しようとした文璜《もんこう》・李秀之や柳宗植らを粛清する際、謀議の吉凶を占った伯良なる盲僧を海に投じて処刑した例がそれである（『高麗史』列伝、巻四十三、叛逆《はんぎゃく》「金俊」の条）。ここでは占卜が権力争いと結び付いて政治事件化しているわけだが、それは続く朝鮮王朝でも変わらない。その例をいくつか見てみよう。

●太祖《たいそ》三年（一三九四年）、東萊県《トンネ》（慶尚道《キョンサンド》）の地方官が李興茂なる盲卜に「国家の安危と王氏の命運」を占わせたことが発覚し、捕らえられた。王氏とは言うまでもなく、高麗王朝最後の王である恭譲王とその一族のことである。李成桂《りせいけい》の傀儡《かいらい》として王位に就き、やがて譲位を余儀なくされた恭譲王は、この事件によって二人の子とともに絞首され、他の王氏一族たちの多くが海に沈められてしまった（『太祖実録』三年甲戌〔一三九四年〕四月十七日丙戌の条）。

この占卜は、実は朴葳《ぼくい》なる人物の意向にもとづいてなされたものだった。朴葳は李成桂に従って勲功のあった武臣で、自ら事件をひき起こして大罪に問われながらも、李成桂の計らいにより生き延びたことを考えれば、事件の構図は明白だろう（ただし、朴葳は第一次王子の乱で、鄭道伝《ていどうでん》らに加担したとして殺害されている。『太祖実録』七年戊寅《ぼいん》〔一三九八年〕八月二十六日己巳《きし》の条）。

李成桂らの王氏一族抹殺は執拗《しつよう》で、わずかに生き残った王氏の係累は悉《ことごと》く姓氏を変えて潜伏したため、朝鮮で王氏を姓とする家門は途絶えたと言われるほどである（実際、今日の韓国でも王氏を名乗る人は少ない）。これは高麗から朝鮮王朝への政権交代期という特殊な状況を背景とするものだが、封建時代においては、王家の命運を占うこと自体が叛逆の意図ありと見なされ、類似の事件が繰り返されたのだった。

●中宗反正《ちゆうそう》（一五〇六年。暴君の燕山君《えんざんくん》を追放し、中宗を推戴した宮廷クーデター）の論功行賞に不満で、国王の寿命をパンスに占わせたため、「陵遅処死《りようちしよし》」（体の肉をそぎ取って死に至らしめる刑罰）された辛服義・童清禮《どうせいれい》らの事件（『中宗実録』三年戊申〔一五〇八年〕十二月三日丙寅の条）。

●政府高官である四大将の運勢と国運を占った科《とが》で捕らえられ、容疑否認のまま獄中死した柳応洞の事件（『仁祖実録《じんそ》』十年壬申《じんしん》〔一六三二年〕一月二十四日壬戌の条）。

●国王仁祖の四柱（誕生の生年月日と時間の干支。占いの資料となる）をパンスに問うたとして捕らえられたものの、同じく容疑否認のすえに獄中死した李有植の事件（同前。二十四年丙戌〔一六四六年〕四月六日壬午の条）。

これらはそれぞれに政治的な背景が絡んでおり、或《あ》いは、パンスの占卜云々《うんぬん》は逮捕の口実に過ぎなかったかもしれない。特に、柳応洞と李有植の事件は占いの依頼を受けた当のパンス自身の「タレ込み」によって事が発覚していて一層その感が強く、『朝鮮王朝実録』も「聞く者これを疑う」「人、多く其《そ》の実を疑う」と控え目ながら疑問を呈しているほどだ。

占卜にかこつけさえすれば容易に政敵の失脚を図れるのだから、乱用されるのは当然だろう。自称兵法家に教えを乞おうとしたものの、まんまと欺かれたのに怒り、パンスを使って陥れようとした企みが暴かれ、逆に罰せられた金寿斗のような人物も出現している（『孝宗《こうそう》実録』四年癸巳《きし》（一六五三年）十一月二十三日乙卯《いつぼう》の条）。また、顕宗《けんそう》八年（一六六七年）には、高官の血縁と偽って民を惑わした僧の戒習が、陳承建なる盲卜に国王の運命を占わせた科で処刑されているが（『顕宗改修実録』八年丁未（一六六七年）十二月十日庚辰《こうしん》の条）、これなどは政治的背景には乏しかったようである。

以上は、パンスが依頼者の意向によって占卜を行ったものだが、中にはパンス自ら神託を行った例もある。世宗《せそう》三十一年（一四四九年）に、慶尚道の永川に住む金古音龍なる盲人が「壬子の歳《とし》に神ありて来降す。能《よ》く人の命を推算し、空中にて人の禍福を唱説す」と説いて罰せられた。ここで面白いのは、その神が「姓は朱、乙巳の歳に雷に打たれて死んだ」と自ら言い、それを当時の人々が「蓋《けだ》し、中国の皇帝を指すなり」と解釈したことである（『世宗実録』三十一年己巳（一四四九年）十一月三十日丙午の条）。『朝鮮王朝実録』には詳しい説明がないため、なにゆえに中国皇帝の神霊が朝鮮に、それも慶尚道に降臨したのか、その経緯について知ることはできないものの、このケースでは通常は占卜を事とするはずの盲卜が、恰《あたか》も憑依状態《ひょうい》のシャーマンに似た姿を示しており、通常のパンスとは異なった様相を呈しているのが興味深い。

(五) 王族とパンス

臣下が妄《みだ》りに王家の運勢を占うことは叛逆行為であったが、王族が自ら運勢を卜占することには、無論、何の問題もない。以下、その事例を見てみよう。

太宗十八年(一四一八年)、太宗の四男である誠寧君が重い疸瘡《とうそう》(天然痘)に罹った。そこで太宗は承政院(王命の出納を司る官庁)に命じ、善卜をもって知られる占い師を集め、病状の吉凶を占わせたところ、韓覚ら盲卜はみな揃《そろ》って「吉である」と言上した。ところが、数日後に誠寧君が亡くなったため、厳しくその責を問われることになったのである(『太宗実録』十八年戊戌〔一四一八年〕一月二十六日丁午の条など)。

誠寧君は生まれながらに聡明で、その死後、太宗は側室から生まれた子に再び同じ名を付けさせたほど寵愛《ちょうあい》は深かった。この時、宮中では興徳寺(太祖が王族と国家鎮護のために創建した寺)で祈禱をあげさせ、臣下らは易占で吉凶を判じ(誠寧君の兄で、のちに世宗大王となる忠寧君《ちゆうねいくん》も自ら易の卦《け》をたてている）、また巫堂《ムーダン》たちに病魔退散の祈禱を命じるなど、あらゆる手段を講じているが、パンスもその中にあって重要な位置を占めていたのだった。

また、王家の嫁選びにもパンスは活躍している。仁祖元年（一六二三年）のこと、王子の妃《きさき》候補選定にあたり、めぼしい子女の単子（新郎・新婦の相性を占うためにそれぞれの四柱を記した書状のこと）を提出するよう求めたが、王家との婚姻を忌避して隠す家門が多かった。そこで都に住む盲卜を士大夫の屋敷に遣わし、ふさわしい処女がいるか否かを報告させたという（『仁祖実録』元年癸亥《きがい》（一六二三年）閏《うるう》十月二十七日癸丑《きちゆう》の条）。妃候補を選ぶために盲人を遣わすのは奇異な感じがするが、「人の室家を知るは盲人・巫女に若《し》くは莫《な》し」（『高麗史』巻三十六、忠恵王四年八月戊申の条）と言われたように、盲卜や巫女が士大夫の屋敷に頻繁に出入りしていたからだろう。市中に放たれた盲卜らが妃候補の運勢を占ったであろうことは言うまでもない。

中にはこれを逆手にとり、陰謀をめぐらした人物がいた。中宗亡きあと、垂簾聴政《すいれんちようせい》で宮中を牛耳った文定《ぶんてい》王后の弟である尹元衡《いんげんこう》がその人である。乙巳士禍《いつししか》（一五四五年）で政敵の大尹派を粛清し、権力を手中にした尹元衡だったが、甥《おい》の明宗《めいそう》（文定王后の子）の恩寵が日々に薄れ、そのままでは姉の王后亡きあと政治基盤が危うくなることを恐れ、自分の姻戚である黄大任の娘を世子嬪（王子の妃）に推そうとした。その時、尹は金永昌なる盲卜と図り、本来王子とは相性が悪くて凶であるはずの黄の娘の四柱を吉に改竄《かいざん》したという（『明宗《めいそう》実録』十六年辛酉〔一五六一年〕一月十五日丙子の条）。当時における占卜の重みを読み取ることができよう。

このように占卜が重視されたのは、パンスや巫堂においてのみそうだったわけではない。朝鮮建国直後、開城《ケソン》からソウルへの遷都問題における風水論議からもわかるように（ソウル遷都における風水論議については、拙著『韓国の風水師たち』を参照）朝鮮王朝はさまざまな占術・呪術の実験場でもあった。ここでは、その一例として文可学の事例を紹介しておく。

――太宗二年（一四〇二年）、厳しい干魃《かんばつ》に悩まされた太宗は、晋陽にある術師がいて、よく祈雨に神異を発揮することを知ると、早速都に呼び寄せた。上京した文は三日間斎戒して祈禱するが、雨は降らない。その原因を文は馬に乗って上京したため天に対する誠敬に欠けたからだとし、松林寺という寺でさらに致斎したあと改めて宮中に赴いた。すると、その日の亥《い》の時から雨が降り始め、翌日には大雨になると告げたところ、果たして予言どおりに雨が降ったのだった（『太宗実録』二年壬午〔一四〇二年〕七月九日庚寅の条）。

その術がいかなるものかを問われ、文可学はこう答えている。「予の能く為すところに非《あら》ず……、我れ是《こ》の意を以《もっ》て上帝に達するのみ」、つまり自分の力ではなく、人々の願いを天の上帝に伝えているだけだというのである。また、「われ少《わか》きより常に神衆経を誦し、その道を得たり。凡《およ》そ平生の願い欲すべきところは、皆吾《わ》が術中に在り」とも言う。ここで文があげている「神衆経」がどのようなテクストなのか、他の用例が見出《みいだ》せず、今のところ不明であるが、要するに読経によって天界に自在に出入りする力を得たということだろう。

文可学はそれ以降も太宗の命を受け、何度も祈雨を成功させているが（同前。四年甲申〔一四〇四年〕五月二十一日辛酉の条。および五年乙酉五月八日壬寅の条）、祈雨成功のあと、しばらくは書雲観（天文・暦数・漏刻などを管掌する官庁）に置かれていたものの、当初ほどの神通力を失ったらしく、そこを追われて開城に移った。かの地で文は「いま仏法衰残し、天文しばしば変ず。吾れ神衆経を誦して入神し、能く鬼物を使役して天兵神兵も致すに難《かた》からず。もし人兵を得ればすなわち大事挙すべし」として、同調者をたきつけて乱を起こそうとしたため、その乳飲児ともども捕らえられ、処刑されてしまった（同前。六年丙戌十一月十五日辛未、および十二月十五日庚子の条）。己の神通力を過信した「邪宗門」の末路というべきだろう。

（六）呪詛とパンス

これほどまでに王族や貴顕の「信頼」を得ているならば、それがさらに悪用されるようになるのも無理はない。悪用するならば、占卜や加持祈禱よりも「悪意」の明確な呪詛がより効果的である。ここでは、朝鮮の呪詛事件について紹介しておくのも一興だろう。

呪術によって憎悪の対象に害を与えようとする呪詛や蠱毒《こどく》は、中国や日本同様、朝鮮でも広く行われた（代表的な事例については、李能和『朝鮮巫俗考』第十四章「巫蠱」参照）。例えば、世宗十三年（一四三一年）に、或《あ》る女が呪文を唱えながら蛇の絵を食物に混ぜたところ、それを食べた男の腹から三匹の蛇が出てきたという事件があったという（『世宗実録』十三年辛亥〔一四三一年〕五月十三日丙子の条）。

この他にも『朝鮮王朝実録』では呪詛・蠱毒への言及は多いが、その実態については今一つ明らかではない。しかし、朝廷では大変それを恐れたのは事実で、文宗《ぶんそう》などは蠱毒の治療法があると聞いて熱心に調査させているほどである。そこで説く治療法は、まず蠱毒の見分け方として、茹《ゆ》でたヒヨコに刺し入れた銀の釵《かんざし》を患者にくわえさせ、釵が青黒く変色すれば蠱毒に間違いなく、それが確認できたなら数十種の薬草を煎じたものを飲ませて毒を体外に出させるというものだった（『文宗実録』元年辛未〔一四五一年〕一月十三日癸丑の条）。

銀が変色するのなら、蠱毒というより砒素《ひそ》か何かの薬物のように思えるが、それはともかく、ここで興味深いのは、この蠱毒治療法の由来である。倭寇《わこう》に捕らえられ、十五年あまりも日本にいた男がそこで会得した術を子孫に伝えたものだという。意外なところで日朝の「技術交流」があったようだ。

このような呪術や蠱毒の絡む事件には、一般的には巫堂たちが多く関与したと言われる。しかし、中にはパンスが加わったケースもあった。壬辰倭乱《じんしんわらん》のさなか、世子（皇太子）の座についた光海君《こうかいくん》は、父宣祖《せんそ》の死後、宣祖の継妃の仁睦《じんぼく》王后や彼女が生んだ嫡子の永昌《えいしょう》大君（光海君は側室の出生だった）を陥れるため、彼らに反乱罪をきせて除こうとするのだが、その過程で仁睦王后とその父である金悌男が、光海君の養母だった懿仁《いじん》王后の陵に術者を遣わし、呪詛していたことが「発覚」する。これにより、金悌男は自決を命じられ、仁睦王后は宮廷内に幽閉、永昌大君は江華島《カンファド》に流配のうえ、翌年オンドル部屋に閉じ込められ、蒸し焼きにして殺された。これが世に名高い「癸丑獄事」（一六一三年）である。

陵における呪詛の詳細は二年後、光海君の教書の中で明らかにされた。それによれば、高成という「女盲」が宮女らとともに陵に赴いて呪文を唱え、その時用いた五穀飯を盛った容器を、猫を埋めた別の場所に持っていき、そこで紅《あか》い布に描いた経文とともに埋めたという。また、張順命なる盲卜が李某（某は永昌大君の名）の居所に行くと、永昌大君の生年月日を書き、聞くに耐えない言葉を唱えたうえ（おそらくその王位継承を願ったものだろう）、紙に描かれた人の目に針を刺し、それを竈《かまど》の底に置いた。これとは別に、生きた犬を殿内の松林に埋めたり、縛りつけた馬を寺の池に沈めたり、真珠と呪符を食べさせたニワトリを日の出の時刻に猫に殺させたり、金色の猫の目に針を刺して釜に放り込んだり……と、何ともおどろおどろしいブラックマジック的な呪詛行為を繰り広げている。

呪詛に加わった者たちによれば、このような呪詛のやり方は皆「女盲」から学んだといい、この他にも次のような呪術が記載されているので、ついでに列挙しておこう。

●梅の木に引き裂いた鼠《ねずみ》を掛けておく。
●白い雄犬を壁の下に置く。
●白紙に描いた猪《いのしし》を地面に敷く。
●階段の下に死んだ鼠を置く。
●南の窓の下に青い鞋《くつ》と鼠子《ねずこ》の皮を置く。
●南の階段の下に死んだ猫を置く。
●五味子（木蓮《もくれん》科の植物。実は薬用となる）の根元に大きなスッポンを置く。
●井戸の中に干《ほ》し鱈《だら》を入れる。
●東宮の南の垣根の内に死んだ鵲《かささぎ》と鼠を投げ入れる。
●同じく東宮の壁に猪と羽笠を着けた人を描く。
●大殿の棟の下にスッポンを埋める。
●厠の下に翼を切り取ったカラスを置く。

等々がそれである（『光海君日記』七年乙卯〔一六一五年〕二月十八日乙未の条　鼎足山本）。

『朝鮮王朝実録』には、この他にも呪術が列挙されており、中国や日本との比較をしてみたい誘惑にかられるが、それはまたの機会に譲ろう。

ここで注目されるのは、これらの呪術が女盲によって主導されたという点である。先に述べたように、この種の呪術は通常、巫堂のような女性によって行われるが、ここではわざわざ「女盲」と表記しているのは、単に盲目の巫堂ではなく、女性のパンスだからであろう。

もう一人の張順命については単に盲卜というだけなので、おそらく男性のパンスだったと思われるが、ここで重要なのは女性パンスの存在もさることながら、パンスがこのような呪詛に関わっていたことであり、しかもその方法が詳細に記録されている点である。朝鮮の呪術を考えるうえでも、注目すべき事例と言えよう。

(七) 祈雨とパンス

農業を国家経済の根幹としていた朝鮮王朝にとり、天候不順はゆゆしき一大事であった。特に、稲の出来高を左右する降雨については異常なほどの神経を使い、干魃に際しては国王をはじめ、祈雨祭を誠心こめて執り行っている。パンスはこの祈雨にも参与しており、古くは高麗時代の忠烈王六年（一二八〇年）にその記録が見える（『高麗史』巻三十九、忠烈王二、五月壬子《じんし》の条）。

祈雨の方法は多種多様だが、ここでは『大典会通』巻三、礼典の「祈雨祭」の条によってその概要を見てみよう（原文の増補部分は省いた）。

- 初次　三角山・木覓《もつけい》山（南山《ナムサン》）・漢江《ハンガン》、堂下三品官を遣わす。
- 再次　龍山江・楮子島《ジョザド》、従二品官を遣わす。
- 三次　風・雲・雨・山・川・雩祀《うし》、従二品官を遣わす。
- 四次　北郊、従二品官を遣わす。社稷《しゃしょく》、正二品官を遣わす。
- 五次　宗廟《しゅうびょう》、正二品官を遣わす。
- 六次　三角山・木覓山、漢江に虎の頭を沈める。近侍官を遣わす。
- 七次　龍山江・楮子島、正二品官を遣わす。
- 八次　風・雲・雨・山・川・雩祀、正二品官を遣わす。
- 九次　北郊、正二品官を遣わす。慕華館の池辺に蜥蜴《とかげ》童子、武従二品官を遣わす。
- 十次　社稷、議政を遣わす。慶会楼の池辺に蜥蜴童子、武従二品官を遣わす。
- 十一次　宗廟、議政を遣わす。春塘池《チュンダンジ》辺に蜥蜴童子、武従二品官を遣わす。
- 十二次　南門を閉じ、北門を開く。市を遷す。五方土龍祭、堂下官三品官を遣わす。

六次の漢江に虎の頭を沈めるのは、龍虎の対立（雨と風を意味する）を利用し、水中の龍を怒らせて降雨を得ようとしたもの。九、十、十一次の蜥蜴童子とは、龍や蛇と同じく水獣である蜥蜴を甕《かめ》に入れ、青衣を着た子どもが柳の枝につけた水をふり撒《ま》きながら祈雨を祈ったもの。中国でもよく行われた類感呪術の一つである（中村治兵衛『中国シャーマニズムの研究』）。十二次の門を開閉するのは、おそらく陰陽の気の活性化を図ったものだろう。市を遷すのは飲食を謹んで天に対する謹慎の意を示すためだとされる（『朝鮮の鬼神』）。

この『大典会通』に定められたさまざまな祈雨祭は常に行われていたわけではなく、時代によりかなり変遷があるが、それについては触れない。朝鮮王朝時代、天候不順は為政者の過ちによる陰陽の調和が崩れたためだとする「天譴《てんけん》思想」が基本にあったので、恩赦などの行政措置も取られたりしているが、その詳細は省く。

これらの他にも巫堂や僧侶による祈雨もあった。変わったところでは、対馬出身の日本人でありながら太宗に仕え、軍事・外交に活躍した平道全《たいらのどうぜん》が日本の僧侶を率い、漢江で仏舎利を沈めて祈雨した例があるが、あまり効果はなかったようである（『太宗実録』十五年乙未〔一四一五年〕六月十二日丁丑の条）。

第三章　飲食男女、人の大欲存す

儒教社会といえば「七年にして、男女席を同じくせず、食を共にせず」（『礼記《らいき》』内則篇《だいそくへん》）のように、ストイックな道徳規範の厳しさばかりが連想されるが、同じ『礼記』でも礼運篇《らいうん》には「飲食男女、人の大欲存す」とあるように、人間の欲望一般に対しては肯定的な面もあることは見落とされがちなようだ。ただ、「心の欲する所に従って矩《のり》を踰《こ》えず」（『論語』為政篇）が求められたに過ぎず、矩を踰えるかどうか、および、それへの対処は時と場所、または人によるのである。

（一）生臭坊主の受難

――ある僧が寡婦を口説き、その家に行こうとする夜のこと。上座（通常は上位の僧のことだが、ここでは弟子僧をさす）が謀《たばか》って言った。「生の豆をみじん切りにして水に混ぜて飲めば、陽道（精力）にとても効果があるそうです」。そのとおりにした師僧が寡婦の家に着くと、腹が膨張して甚だ苦しい。それを我慢し、這《は》いながら何とか部屋に入って座った。けれども今にも洩《も》れそうなため、足で穀道《こくどう》（肛門）を必死に押えていた。そこに女が入ってきたが、僧が微動だにしないので、「何で木偶《でく》みたいに座り込んでるのよ」と手で押したから堪《たま》らない。僧は床に倒れるや忽《たちま》ち糞尿《ふんにょう》を撒《ま》き散らし、臭気が部屋に立ち込めた。怒った女は僧を叩《たた》き出したのだった（『慵斎《ようさい》』巻五）。

「上座が師僧を誣《し》いるは古《いにしえ》より然《しか》るなり」と成俔《せいけん》もいうように、狂言の太郎冠者さながらに、寺院内では上座が目上の僧の偽善を暴き、その貪欲さや好色を嘲笑したのである。それにしても人前で汚物を撒き散らすとは、お伽草子《とぎぞうし》の「福富草子」で放屁《ほうひ》の名人に謀られる男さながらの災厄に遭ったものだが、師僧の受難はまだ続く。

――寡婦の家からの帰途、僧が夜道に迷っていると、白気が道を蔽《おお》っているのが見える。てっきり川だと思い、裾をからげて入ってみれば、白いのは秋麦の花だった。頭にきた僧がなおも歩むとまた白気が見える。二度も失敗するものかとツカツカ進めば、今度は本当に川で、ズブ濡《ぬ》れになってしまったのだった（同前）。

きっと狐《きつね》にでも化かされたのだろう。中国の笑話あたりが原典で、上方落語の「七度狐」と同趣向と思われる（ただし、中国や日本に比べ、朝鮮の狐話は遥《はる》かに少ない。因《ちな》みに、「狐の嫁入り」を韓国では「虎の婿入り」という）。このあと僧は橋を渡ろうとして不用意なことを口にしたため、米を研ぐ婦人たちから打擲《ちょうちゃく》されたり、通りがかった守令（地方役人）の機嫌を取ろうとして失敗。棍棒《こんぼう》で殴られ動けなくなったところ、「死んだ僧の陽根は薬になる」と見巡りの役人にあわやペニスを切り取られそうになる等々と、この生臭坊主の災難は留《とど》まるところがないのだが、それについては割愛する。

ところで、第一章で述べた破戒僧の信修は自他に対する批判精神と真摯な反省に満ちていた。戒律への意図的な叛逆《はんぎゃく》は哲学的ですらあり、その勇気ある行為こそは「破戒」と呼ぶに値しよう。「是《こ》れ看経《かんきん》念仏の人にあらず」とは、花和尚魯智深《ろちしん》のうたい文句だったが（『水滸伝《すいこでん》』第五回）、同じ破戒坊主でも大違い。ここに登場する僧はただ自堕落なだけである。

生臭坊主の類いはどこにでもいるものの、彼らに対する批判は日本の比ではなかったはずだ。なぜなら仏教に限らず、およそ戒律や原則なるものを軽視、または無視するのは日本文化の伝統であり（鎌倉民衆仏教から日本国憲法解釈に至るまで）、朝鮮ではそうではなかったからである。

儒教にせよ仏教にせよ、経典にもとづく儀礼や戒律を厳守しようとする志向が極めて強く、今日でも僧の妻帯などは論外なのが韓国仏教の基本といえよう（近代以降、妻帯を認める宗派が登場したが、少数に留まる）。ここに登場する生臭坊主への、執拗《しつよう》なまでの揶揄《やゆ》はその反映でもあろう。

（二）女性のイニシアティヴ

――年若く風貌優れた李《り》という将軍がいた。ある日、馬に乗って街を行くと、年の頃なら二十二、三の美女が召使いをつれ、パンスに占いを頼んでいる。李がじっと見つめると、女も見返してまんざらでもない様子。そこで、配下に女の住まいを探らせた。

後日、李は女の屋敷近くに住む弓職人から、女は某大臣の娘で、夫を亡くしたばかりの寡婦であることを知る。やがて、女の奴婢《ぬひ》に話をつけ、屋敷に入ることに成功した李が部屋で身を潜めていると、やって来た女は化粧をし、酒肴《しゅこう》の準備を始めた。李はてっきり自分を歓待するためだと喜んだが、突然窓から男が入ってき、女と戯れ始める。李は落胆したものの、よく見ると男は僧ではないか。ならばと、縄を手にした李が飛び出し、僧を縛りつけ棒で乱打した。それから思う存分、女と情事を楽しんだのである。その後も李は寡婦のもとに通い続け、女も変わることなく李を愛したという（『慵斎』巻五）。

寡婦と武人と坊主、まるで三題話みたいだが、原文にはソウルの具体的な地名も見え、パンスの登場といい（女は男運について占ったはずだ）、その描写のリアルさは何らかの実話にもとづくものと思われる。亡き夫の菩提《ぼだい》を弔う寡婦に坊主が言い寄るのはよくあるものの、この李のように、彼女らを狙うのは僧だけではなかった。それにしても、二人の男を手玉に取って平然と己の欲望を満たす女もまた逞《たくま》しい。

ところで、「忠臣は二君に事《つか》えず、貞女は二夫を更《かえ》ず」（『史記』「田単列伝」）という言葉があるように、一旦、寡婦となれば貞節を汚さぬように身を持するのが儒教文化だというイメージがある。確かに、さればこそ再嫁した女の子孫は科挙受験も禁止されていたわけだが（『経国大典』礼典）、当初からそうだったわけではない。

高麗《こうらい》時代には不忠・不孝の者に対する科挙禁止規定はあったものの、再嫁婦女の子孫に対する規定は見られず、最末期の一三八九年（恭愍王《きょうじょうおう》元年）に六品以上の両班《ヤンバン》婦女に対する再嫁令が出されたが（『高麗史』刑法志「一戸婚」）、殆《ほとん》ど実現しなかった。朝鮮初期でも再嫁は困難だろうから三嫁禁止にしようという妥協案（太宗《たいそう》六年〔一四〇六年〕）を経て、成宗《せいそう》八年（一四七七年）にはじめて再嫁失行婦女の子および子孫の科挙禁止が決定されている。『慵斎』のこの逸話にもそのような寡婦観の変遷が影を落としていたかもしれない。

このような再嫁婦女に対する厳罰規定は庶孼《しょげつ》（非嫡出子）差別同様、中国にはなく朝鮮独自のものであって、その背景には儒教倫理を口実に少しでも競争相手を減らすため、両班階級内の淘汰《とうた》を図ろうとする狙いがあったという。それは「わが朝の科挙の法、ただ才を試すのみならず、また族属を弁ぜんがためなり」（『太宗実録』十七年丁酉《ていゆう》〔一四一七年〕二月三日庚辰《こうしん》の条）といわれたように、科挙が人材登用のためだけでなく、両班階級の差別化を図る道具として重視されたからに他ならない。

寡婦ついでにもう一つ。

――妻を亡くした鄭《てい》という士大夫がいた。南原《ナムウォン》（韓国南部）に資産家の寡婦がいると聞き、のち添えに望んだ鄭は媒酌を立てて事を運ぶ。一方、女が下女に鄭の様子を探らせたところ、耄碌《もうろく》ジジイだという。「若くて元気な男と一緒になって楽しもうと思ったのに、老いぼれなど何の役にも立たないわ」。女はそういうと、屋敷の門を閉じ、鄭を追い返したのだった（『慵斎』巻六）。

遠い地方の寡婦にまで食指を伸ばすとは意外だが、何らかの地縁があったのかもしれない。原話ではもう一つ類話が続き、こちらも年老いた鰥夫《やもめ》が裕福な寡婦を得ようとするものの、老醜を嫌われ失敗する話なのは前と同じ。男よりも女性側のイニシアティブが際立つが、それは寡婦に留まるものではなかった。

――昔、あるところに娘がいて、求婚する者も多くいた。それぞれ文才に優れるとか、弓術が得意だとか、あるいは広い田地田畑があるとか、己の長所を売り込む。ところが、別の男が「自分は陽道壮盛（精力絶倫）で、嚢《ふくろ》に詰めた石を一物にぶらさげて振れば首より高く上がる」と自慢した。すると、女は次のような漢詩を書いて答えたのである。

文章の濶発《かつぱつ》なるは労苦多し。

射御の材能は戦《いくさ》に死亡せん。
池下に田あれど水に逢《あ》えば損ず。
石嚢の首を踰《たと》えるはわが心に当たる（同前）。

つまり、文才があると気難しいだろうし、弓矢に長ずれば戦死する、田畑があっても水害の恐れあり、精力絶倫なのが一番だというのだ。実話というより艶笑譚《たん》というべきものだろうが、それにしても嫁入り前の娘のくせに「陽道壮盛」を選ぶとは恐れ入る。この手の女が嫁いだあとにどうなるかは知れたこと。

——ある経師の妻がいた。その妻が夫の留守に隣から男を引き入れ、情交に及ぼうとしたやさき急に夫が戻ってきた。あわてた妻は着物の裾をかかげ、夫の目を塞ぐと飛び跳ねながら言った、「どこの経師が来たのかしら」。妻が戯れているのだと思った夫は自分も飛び跳ねながら「大臣宅の葬儀をすまして来たのさ」。そこで、妻が夫の顔を蔽《おお》って押し倒したすきに、男はまんまと逃げおおせたのだった（同前）。

お気づきのように、これも落語ネタの「紙入れ」や「二階の間男」と同工異曲のようだが、経師が出てくるあたりが「朝鮮化」のあとかもしれない。先の麦畑の坊主といい、この経師の妻といい、外来ネタの改変だとしても、このような逸話が士大夫の随筆に書かれたこと自体、女性にも「欲望する権利」を認めようとする姿勢の表れといえるだろう。蓋《けだ》し、「飲食男女、人の大欲存す」とは男だけに該当するものではないからである。

（三）一盗《いっとう》、二婢《にひ》、三妾《さんしょう》、四妓《しぎ》……

漢語で「偸香窃玉《とうこうせつぎょく》」とは男女の私通をさす言葉であり、日本の下世話に一度は寝てみたい女の順番を、一盗、二婢、三妾、四妓……とかいうが（五番目は忘れました）、それは朝鮮でも同じこと。とはいえ、筆頭の一盗（人妻）は不倫悖徳《はいとく》の大罪であり、おいそれとは行いがたい。実例が豊富なのは二婢あたりからである。

――我が家の隣に朴という儒生がいた。柳家の婿となったが、二人の奴婢に手を出し、夜ごと女部屋に忍び込んでいた。たまたまそれを見かけた小童が盗人と勘違いし、主人（舅《しゅうと》）に注進に及んだ。驚いた主人はすぐに隣近所の男どもを集める。ようやく騒ぎに気づいた朴が出ようとしても、戸が固く閉ざされてままならない。焦るうち知り合いがいるのを見つけ、小声で助けを呼んだ。やがて事の真相に気づいた主人は「大した賊ではなさそうだ。捕らえるまでもない」と笑い、皆も戻っていった。大いに恥じた朴はそれから数ヶ月のあいだ屋敷から出なかったという（『慵斎』巻六）。

古くから朝鮮では結婚した男性が妻の家で暮らすことが習慣化していた。高句麗《こうくり》から連綿と続く「古俗」とされるが、朝鮮時代でもさらに甚だしくなったようである。なぜなら、財力に富む家門が才ある婿を求めて将来の繁栄を期すことが多く、そのため婿が科挙及第して官界に進出するまでのあいだ、親庭（妻の実家）で暮らすのが便利だったからだが、これを「男帰女《だんきじょ》家《か》」と呼ぶ。朝鮮王朝では朱子学的理念に反するものであり、中国式の親迎（親迎とは婚姻六礼の一つ。新郎が新婦の家に出向いて妻を迎え、実家に連れ戻って父母に挨拶させること）を奨励したものの、なかなか変わらず、太宗の頃から英祖《えいそ》代に至るまで議論が繰り返された（李能和『朝鮮女俗考』、金用淑『韓国女俗史』）。

この朴もその一人だが、いわゆるマスオさん状態のくせして奴婢に、それも二人同時に手を出すとはいい度胸である。舅が寛容だったのが幸いしたが（おそらく舅にも身に覚えがあったのだろう）、でなければ面目を失って婚家を追われていたに違いない。

寛容といえば、こんな例もある。

――ある大臣が毎晩のように夫人の寝息をうかがっては下女部屋に忍んでいた。ある晩、夫人が空寝をすると、いつものように出て行く。あとをつければ案の定、夜這《よば》いだった。奴婢が「立派な奥様がいらっしゃるのに、何でこんなところへ来られるのですか」というと、大臣は「おまえは芥子菜《からしな》、別味じゃ」と答える。

その帰り、大臣は石段で尻を冷やしてから部屋に戻り、「腹具合が悪く厠《かわや》で長居するうち尻がすっかり冷えてしまった」というと、夫人は「腹痛なら芥子菜でも召しあがれば」と切り返す。驚いた大臣は「夫人は何でもお見通しだ」と舌を巻くのだった。

また雷鳴の激しい夜、大臣が雷よけに瓢《ひさご》をかぶって部屋を出る。廊下でその帰りを待ち構えた夫人が思い切り棒で瓢を叩《たた》くと、雷が落ちたと思った大臣は驚いて倒れ伏した。しばらくして部屋に戻った大臣が喜色満面で「わが家に慶事があるやも知れぬ」という。怪訝《けげん》に思った夫人がわけを尋ねれば、「さっき厠に行った時、落雷にあった。雷が落ちればその家は必ず富むというではないか」と答える。それを聞いた夫人が笑うと、大臣も大笑いしたのだった（『青《せい》坡《は》劇談』巻六）。

「迅雷《じんらい》風烈には必ず変ず」（突然の雷や暴風には居ずまいを正す）とは『論語』郷党篇の言葉だが、かたや朝鮮には「쪽박 쓰고 벼락을 피하다」（小さな瓢をかぶって雷を避ける）。つまり、あわてるあまりに愚かな方法で難を逃れようとする、という意味の諺《ことわざ》がある。ここでの大臣の振る舞いはそれにぴったり当てはまるものであり、とすれば、この話は諺にこと寄せて作られた笑話だったかもしれない。

雷ついでに思い出したが、大臣が「雷が落ちればその家は必ず富む」というように、朝鮮では雷に打たれた人には金運が宿るという俗信があったらしく、或《あ》る一家が雷に打たれて倒れたところ、近隣の者が集まってその家の牛馬や什器《じゅうき》・瓦に至るまで略奪したのみならず、まだ息のある主人や妻の肢体をバラして持ち去ったという、惨《むご》たらしくも珍奇な事件が『高麗史』に見える（巻百三十三「列伝」第四十六、禑王《うおう》二年七月）。

それはともあれ、先の好色大臣の逸話は『慵斎』ではなく、成俔と親しかった李陸の『青坡劇談』に記された話だが、奴婢を芥子菜に喩《たと》えたり、尻を石段で冷やしたり、また瓢で雷よけする描写のディティールが笑わせる。バレがかった題材ながら、悠揚せまらぬ大臣と奥方のあいだのほのぼのとした夫婦像が重なり、ちょっとした佳話の趣さえ漂うではないか。

無論、こういうのは例外であり、夫の浮気に妻が嫉妬で狂うのが常だった。

――判院（判中枢院事の略。従一品の官職）の金孝誠は女にだらしなく、夫人の嫉妬も激しかった。ある日、金が外出から戻ると、夫人が黒い布を手にして座っている。金が布を何にするのかと尋ねると、夫人は厳しい顔で答えた。

「あなたは多くの女にお惑いなされますゆえ、私は出家をしようかと考えております」。すると、金が言った。「確かに私は色を好む。これまでも妓女に女医（医女のこと。医女については後述）、良人・賤人《せんじん》（賤良は身分の区別）に楽人・お針子、美色ならば何にでも手を出したが、まだ尼僧は知らぬ。一度、尼をものにしたいものだ」。それを聞いた夫人は呆《あき》れかえって、布を投げ捨てたのだった（同前）。

金孝誠はその名に孝と誠を冠しながら、名は体を表さない典型のような男だが、ここまで徹底すればむしろ一目置きたくなる。しかしながら、所詮はそれも妻次第だろう。高麗時代の崔《さい》世延《せいえん》といえば忠烈王（在位一二七四〜一三〇八年）に取り入り、将軍の位まで得て権勢をふるったものの、最後は処刑された宦官《かんがん》として悪名高い。この崔、実は妻の嫉妬に激怒したあまり、自宮（自ら去勢して宦官になること）したというのだから（『高麗史』列伝、巻三十五「宦者」）、よほど度の過ぎた嫉妬だったようだが、突然夫が宦官になった妻がこれでもう浮気に悩まなくてすむと安堵《あんど》したか、あるいは「元も子も無くして」後悔したかどうかは史書の記すところではない。

無論、嫉妬の矛先は夫ばかりに向かうわけではなかった。『成宗実録《せいそう》』（五年甲午〔一四七四年〕十月十日壬辰《じんしん》の条）には、夫と関係した女奴婢に怒り、その髪を切り、熱した鉄で胸や陰門を焼いたうえ、興仁門（東大門）近くの山中に捨てたとして、妻とその母親が捕らえられた記録がある。いつの世にもありうる話といえばそれまでだが、事ここに至っては何とも陰惨で後味悪いことこのうえない。

（四）医女、および医女の妓生《キーセン》化問題

先ほどの金孝誠のセリフ中に出てきた女医（医女）について述べておこう。韓国ドラマ『チ

ヤングムの誓い』(原題は『大長今《テジャングム》』)や『許浚《ホジュン》』のヒットで一般にも知られるようになったが、朝鮮王朝には医女と呼ばれる女性医師がいた。それは男女の別が厳しかった時代、重い病に罹《かか》りながら男性医師の診察を拒んで手遅れになる女性が多かったからである。一四〇六年に済生院《さいせいいん》(薬剤を扱う官庁)に医女が置かれるようになったのがその始まりだという。

朝鮮時代、医者や訳官(通訳)のような技術者たちは階級的には中人《ちゅうじん》と呼ばれ、両班士大夫に次ぐ身分だった。ところが、医女たちは中人ではなく、奴婢階級という最下層の出身だったのである。なぜなら、医療行為とはいえ、男性に伍《ご》して働くことなど、当時の一般女性には想像もつかないことだったからだ。そこで、奴婢の中から聡明な少女を選りすぐり、脈診や針《しん》灸《きゅう》のやり方を教え、女性患者の世話に当てることとなった。

当初はソウルにいた奴婢から数十人程度を選抜していたが、それでは地方に派遣する医女が不足したため、やがて各地から医女候補の奴婢を選び、上京させるようになる。一四七八年には次のような教育方針が国王に上申された。

① 学識ある医女二名を教授として定め、他の医女を監督指導させる。
② 教科書には『直指脈』『銅人経』や『和剤婦人入門』などを用いる。
③ 医女は内医(二名)・看病医(二十名)・初学医の三等に分ける。

④　定期的に実力を試し、水準に満たない者は元の奴婢に戻す。

というものだが、②の医書は中国伝来のものであり、漢文の素養に乏しかった奴婢には難物だったはず。そのため、医女候補になると都に赴く前から『千字文《せんじもん》』や『孝経』などで基礎を積み、上京後は、毎日難解な医書の読解に励んだという。

さて、このようにして始まった医女制度ではあるが、やがて困った風潮が生じた。それは医女の妓生化問題である。医療専門だったはずの医女がなんと、宴席に妓生と並んで侍《はべ》るようになったのだ。梶山季之《かじやまとしゆき》（一九三〇～七五年）の『李朝残影』では「李朝では、特に官妓の制度を定め、内医院、恵民院の女医、尚衣院の鍼線婢《しんせんひ》という名義で、三百余人の妓生を、宮殿のなかに養っていた」とあるが、もう少し正確に言うならば、「進宴の時、医女八十人を精択して儀に習ぜしめ、女妓《じょぎ》の才ある者 潔《きよらか》なる衣服にて御前の階上に座さしむ」（『燕山君日記《えんざんくんにっき》』十年甲子〔一五〇四年〕六月辛未《しんび》の条）と、宴《うたげ》があるたびに数十人もの医女たちを艶《あで》やかに着飾らせ、女妓（妓女のこと）とともに王のそば近くに置かれたと記されているように、特に燕山君（在位一四九五～一五〇六年）の時から深刻化したものと思われ、『慵斎』でもそのありさまが記されている。

――斯文《しぶん》（儒者の通称）の宋《そう》は容貌醜く挙止は垢抜《あかぬ》けず、おまけに眇《すがめ》だった。科挙登第後は長いあいだ外方教授（外方とはソウルと開城《ケソン》を除いた地域。教授とは教育的指導にあたる教授官のこと）をつとめ、のちに恵民署教授となってもっぱら医女の指導に当たった。医女たちは化粧や装いを凝らし、争って宋に字を尋ねる。それは恰《あたか》も花林のなかに一頭の熊が座っているようだった。宋の居所は掌楽院（宮廷音楽を司《つかさど》る官衙《かんが》）の側《そば》だったので、日々の往来で僚友に会うが、どこに行くのかと尋ねられれば、「掌楽院に隣居し、恵民署に勤める。それゆえ、朝ごとに花柳の地よりまた花柳へと向かうのよ」と答え、聞く者を笑わせたのだった（『慵斎』巻九）。

現代韓国語では熊は愚図やノロマ・鈍感などを意味することがあるが、ここでも同じかも知れない。それはともかく、宋の生没年は明らかではないものの、燕山君とほぼ同時代と見て間違いないだろう。このような風潮は宮廷だけではなかった。「成婚の夕、両家おのおの酒饌《しゅせん》を弁じ、華麗を備極《つく》す……酌を設くる家はそれ幾《いく》たりかを知らず。娼妓《しょうぎ》・女医は処として至らざるなし。これに由りて医は読書に暇あらず、妓は修楽に暇あらず……」（『燕山君日記』六年庚申《こうしん》〔一五〇〇年〕八月二十九日辛亥《しんがい》の条）とあるように、貴顕の婚姻の宴席にまで駆り出され、あまりの忙しさに本務に支障が生じるほどだった。奴婢出身なるがゆえの哀れさというべきだろう。

医女の妓生化問題はその後、何度も是正が図られるものの、結局、朝鮮時代末期まで変わることなく、医妓や薬房妓生などという呼称まで用いられるほどだった。いわば、医食同源ならぬ医「色」同源になってしまったといえようか。

（五）医女たちの活躍

妓生化のような問題を抱えながらも、医女たちは身につけた医術を生かし、目覚しい活躍を続けた。『朝鮮王朝実録』には一四四〇年の召非から、一八四九年の正玉に至るまで三十名ほどの医女の名前が残されている。無論、かの長今《チャングム》もその一人で、優れた医術によって褒美を受けたうえ、国王の中宗《ちゅうそう》（在位一五〇六〜四四年）の崩御に立ち会ったことが記されており、その高い評価は決して作り話ではなかった。

ところで、医女の中にはオーソドックスな施術だけでなく、怪しげなテクニックを弄するものもいたようだ。

――済州島《チェジュド》から上京した医女がいた。通常の医術は知らず、ただ虫歯治療だけを業とした。士大夫の家では争って迎えるほど人気があり、女が死ぬとその娘が術を受け継いだ。私（成《せい》俔《けん》）も一度呼んで治療を受けたが、人を仰向けにして開口させ、銀の刃物で小さな白い虫を取り出すというものだった。刃は歯に入らず、血も出ないのに、いとも簡単にやってのける。術は秘して人には教えず、朝廷から調べられても決して口外しなかった。きっとそれは幻術であり、まともな業ではないのだろう（『慵斎』巻十）。

成俔には「歯痛」という漢詩があり（『虚白堂集』補集　巻二）、「……柔粥を吸呑し、ただ飽くを思う……」などと記しているから、虫歯に苦しんだのは確かだろう。

ところで、李陸の『青坡劇談』巻六には、この医女についてさらに詳しい記述がある。それによると、医女の名は加氏で、そのあとを同じく済州島出身の張徳なる女が継いだが、虫歯だけでなく、目や鼻の疾患も扱った。糸をつけた針を操って患部から無数の虫を取り出すのも同じ。しかも、その虫は数日のあいだ生きていたという。多くの人が目にしたが、どんな術なのか見当もつかなかった。朝廷は張徳を恵民署に配属し、他の医女にも学ばせようとしたものの、うまくいかず、ただ、張に仕えていた奴婢の玉梅だけが習得したので、張の死後は玉梅を採用したという。

李陸自身も実際に張徳を見ており（隣家だったという）、幻術だとするのは成俔と同じ。そのうえ、李陸は前に訪れた中国で見た、口から飲んだ針を鼻の穴から出したり、炎の中からハトを取り出すマジックまで引き合いに出しているが、成俔や李陸ならずともトリックだといいたくなるほど面妖《めんよう》な医術ではある。このような「医術」に接した時、同時代の成俔や李陸らさえ幻術だと疑って憚《はばか》らなかったのであり、まして我々のような現代人にとっては荒唐無稽に思われるのは当然だろう。しかし、済州島出身の医女の虫歯治療にはれっきとした「根拠」があった。許浚の『東医宝鑑』外形篇巻二には次のような虫歯に関する記述が見えるからだ。

［蟲蝕痛《ちゅうしょくつう》］

凡《およ》そ人の飲食して歯を潔《きよ》くする能《あた》わざれば、腐臭の気淹漬《えんき》し、日久しくして歯齦《しぎん》に孔《あな》ありて、虫がその間を蝕《むしば》み、一歯を蝕み尽くせばその余に度る……齲《う》とは歯の蠹《むし》なり。歯の虫が蝕んで痛むを謂《い》うなり。

歯齦とは歯茎、齲とは虫歯を意味する言葉。つまり、ここでは謂わゆる虫歯とは歯を蝕む虫によって生じるといい、その治療法として次のような処方を提示する。

［牙蟲を出し、蟲を殺す法］

蟲《むし》歯を治すには小さな瓦片の上に油を置きて韮子《きゅうし》を拌し、焼烟して水椀の上に閣《お》き、恰《あたか》も漏《ろう》斗《と》のごとくこれを覆い、蟲歯を以《もっ》て漏斗の口中の烟《けむり》を受ければその牙の中の虫の鍼《はり》の如《ごと》きものは皆、水椀中に落ちる……。

ここではさらに韮を焼いた烟で口中を燻《いぶ》せば、鍼のような細い虫歯の原因となった虫が苦しがって出てくるといっているのである。［蟲蝕痛］は『本事方』、［牙蟲を出し、蟲を殺す法］は『医学綱目』なる医書にもとづく処方だとする。以上のことから、済州島出身の医女の虫歯治療が幻術であったかはともかく、虫歯の原因は何らかの蟲が不潔にした歯を蝕むことにあるという考えは中国や朝鮮の伝統医学には古くから存在しており、済州島出身の医女はあくまでその「常識」に則《のっと》っていたと見るべきことがわかる。

医女の施術のなかにはこの虫歯治療に負けず劣らず、いとも面妖なるものがあった。ことのついでに、それも書き添えておこう。

——成宗（在位一四六九～九四年）の時、ある士大夫の娘を娶《めと》った男が三日後に「新妻は処女でなかった」として破談を申し出た。そこで成宗は老医女を遣わし、処女鑑定を命じる。戻った医女は、「裸にしてその陰を見ますに、金絲《きんし》はいまだ断たれず、鶏眼《けいがん》も新しくございました。処女であることは疑いございません」というので、成宗は医女に厚く褒賞を与え、申し立てを却下した。なぜなら初夜の時、娘が幼いうえ男が酒に酔っていると、処女でないと勘違いすることがよくあることを成宗は知っていたからである。成宗は希代の女好きとして知られるので、さだめし処女についても詳しかったのだろう。これにより、士大夫は家名を汚さずに済んだのだった。

これは車天輅《しやてんろ》（一五五六～一六一五年）の『五山説林草稿』に記されたものだが、実話かどうかは定かでない。

日本の江戸時代には、火鉢に跨《またが》らせた女の鼻の穴を紙縒《こよ》りでくすぐってクシャミをさせ、股下の灰が飛べば非処女とする、珍妙な鑑別法があったそうだが、それに比べれば遥《はる》かに科学的な気がする。それにしても金絲だとか、鶏眼（通常は「うおのめ」のこと）だとか、何を指すやら見当もつかない。博雅の教えを乞いたいところである。

医女たちが駆使した医療技術の中には日本由来のものがあったかもしれない。というのは、初期の降倭《こうわ》（朝鮮に投降した倭人）である表思温（倭人の名を朝鮮漢字音で表記したもの。例えば「麻多而羅《マタシラ》（又四郎）」のように発音の見当がつくものもあるが、表思温は少々わかりにくい）の丈母（妻の母）は世宗の対馬征討のおり、母娘ともに朝鮮に連れてこられ、その後医女として活躍し、宮廷にも出入りしていたという記録が見えるからである（『世宗実録』二十六年甲子〔一四四四年〕六月九日丁亥の条）。長今の「先輩」に日本人がいたとは意外で、これもまた歴史の知られざる一面ということだろう。

最後に、医女の捜査活動について触れておく。

『光海君《こうかいくん》日記』五年壬子〔一六一三年〕六月十三日庚子の条には、士大夫の邸宅で罪人を捕らえる時に前もって医女に探索させる慣例に従うことにした記事がある。この時期はパンスの呪術で述べたように、光海君が異腹弟である永昌《えいしょう》大君や、その母親の仁睦王后らを追い落とした「癸丑《きちゅう》獄事」の前年でもあるので、或《ある》いは例外的な現象だったかもしれない。

因《ちな》みに、国王の世継ぎをめぐる女たちの陰謀を描いたミステリーホラー映画『宮女』（金美《キムミ》正《ジョン》監督、二〇〇七年、日本未公開）では、宮廷の奥深く繰り広げられる陰惨な殺人劇の真相を暴かんと活躍する医女が主人公である（主演の朴真嬉《パクチニ》はかつて私の贔屓《ひいき》女優だったが、脚本の出来がイマイチなのに加え、力みすぎが目立ち、本来の魅力が発揮し切れていないのが惜しまれる）。

医女たちは宮中で女性だけを相手に医療活動にのみ従事したわけではなく、時には士大夫の屋敷に「往診」に赴くこともあった。例えば、徐居正《じょきょせい》は、医師が指定したお灸のツボに、あとから遣わされた医女に灸をしてもらったことを記している（「全中枢循義来りて灸穴に点じて去る。女医を遣わし接常し、これに灸せしめる。賦一絶をなしてこれを誌す」『四佳集』詩集巻十）。

また、「女医の接常に戯す」（同前）では、「…手に信《まか》せて渠は能《よ》く灶《やいと》し、眉を顰《ひそ》めて我は忍傷《がまん》す」と医女の据える熱いお灸を我慢する姿をユーモラスに描いたうえで、「深恩以て謝すなし。聊《いささ》か復《ま》た壺觴《こしょう》を慰む」と、灸の礼に酒を振る舞ったことを記しているの見れば、医女たちが士大夫と親しく触れる機会が多く、その内情にも通じていただろうことは想像に難くない。

（六）知るや、知らざるや、色の道

――いま色を知らぬ三人がいる。一人は斉安君で、絶世の美女を妻にしながら、「婦人など穢《けが》らわしい」と決して対座しようとしなかった。二人目は生員（科挙の小科合格者）の韓景琦《かんけいき》である。「修心繕性」に励み、一人部屋に籠もって端座しては、妻とも言葉を交わさず、奴婢の声がすれば杖《つえ》を振って追い払うほど。もう一人は金子固の子息だが、こやつは麦と豆の区別もつかぬタワケもので、陰陽のこと（房事）さえ何一つ知らぬ。

子孫の絶えることを憂いた子固がその道に長《た》けた女に頼み、息子と同衾《どうきん》させた。すると、息子は驚き、あわてて床下に逃げ込んだのである。それからというもの、息子は紅粧翠髻《こうしようすいきつ》（婦人）を見ただけで、泣いて逃げ出すのだった（『慵斎』巻二）。

一人目の斉安君については後述する。

二人目の韓景琦は上党府院君韓明澮《めいかい》（一四一五～八七年）の孫。韓明澮といえば、世祖《せいそ》簒奪《さんだつ》で大功をたてた「社稷《しやしよく》の臣」であり、二人の娘をそれぞれ睿宗《えいそう》（最初の妻。章順王后）と成宗（共恵王后）に嫁がせて三代の王に仕えた、泣く子も黙る朝鮮王朝きっての権臣として知られる。漢江《ハンガン》南岸の鴨鷗亭洞《アプクジヨンドン》は今日のソウルで一、二を争う繁華な街として知られるが、その名は韓明澮の別邸だった鴨鷗亭に因む。韓景琦は権力欲に満ちた祖父とは違って官界には関心が薄く、何事にも恬淡《てんたん》だったというが、先の逸話はその反映でもあろう。

さて、三人目の色の道を皆目知らずというバカ息子譚は、中国笑話に頻出し、朝鮮や日本にもさまざまな形で移入しているのは周知のとおり（武藤禎夫『江戸小咄の比較研究』）。従って、この逸話そのものは亜流だろうが、それより興味深いのは父親の金子固のほうである。——参判（従二品の官職）の金紐《きんちゅう》（一四三六〜九〇年。子固はその字《あざな》）は開国功臣だった趙浚《ちょうしゅん》（一三四六〜一四〇五年）の外孫である。放逸を好んだものの、学問に励んで文筆に優れ、科挙にも及第した。若くして多くの貴顕と交わり、詩・書・琴の三つに通じて三絶と称された。またソウルの南北に書斎を設け、四季に風雅を楽しんだという（金がソウルの名勝の地である雙渓洞に亭を建て、桃を植えて武陵桃源を模した話は『慵斎』巻一にも見える）。

晩年、足が不自由となったが、竹の輿《こし》に乗って山野で雉《きじ》を狩り、朋友が来れば話に興じるなど、その悠々自適ぶりは変わらない。そこで、成俔の友人でもある蔡寿《さいじゅ》がからかった。「鷹《たか》は（獲物で）太っても、座せる子固は落ち着かぬ。何を取っても足らぬようだ」。二人の屋敷は向かい同士で、来客があるたび子固が蔡寿を酒宴に招こうとするので、蔡寿が笑って言った、「まるで私は汝《なんじ》の村の教官みたいだ」（『慵斎』巻二）。

これは先ほどのバカ息子譚のすぐ前に書かれたものだが、金紐を茶化した蔡寿は一四四九年生まれであり、金より実に十三歳も若い。にもかかわらず、まるで友人でも相手にするような口ぶりなのは意外である。李塈《りがい》（一五二二〜一六〇〇年）の『松窩雑説《しょうかざっせつ》』に「爾・汝《なんじ》は軽賤の称」というように、漢語の汝は自分と対等以下の相手への呼称であるので、金紐には生意気盛りの若造にも鷹揚《おうよう》に接する度量があったのだろう。成俔も蔡寿より十歳年上ながら、同年の如《ごと》く親しく接しており、或いは、当時の士大夫らは今の私たちが思うほど歳《とし》の上下を気にしなかったのかもしれない。因みに、金紐の父方は安東金氏で、先祖にはモンゴルの高麗支配に抗《あらが》ったことで名高い将軍の金慶方（一二一二～一三〇〇年）がいる。その豪放磊落《らいらく》な気質はあるいは血筋を受け継いだものとみえる。

それにしてもかような名門に、しかも三絶とまで称された才人の金紐の子息に、色道も知らぬ愚息譚が付せられるとはアンバランス極りない。先に触れたように、中国笑話に類似譚があることから、最初この話はフィクションではないかと疑っていたのだが、成俔自身、金紐とは同時期に朝廷に出仕していたし、また酬応詩を交わしている（「金子固　高陽荘八詠」『虚白堂集』巻九）。個人的な交友があったことは確かで、根拠のないデマカセを書くとは考えにくい。朝鮮士大夫の族譜集成である『萬姓大同譜』によれば、金紐には後継がなかったとある。或いは痴愚のあまり廃嫡されたものかもしれないが、不運というには滑稽さが先んじ、戸惑いさえ覚えるほどである。

（七）バカ殿　斉安君の「韜晦《とうかい》」人生

さて、ここで先ほど後まわしにした斉安君（一四六六～一五二五年）に登場してもらおう。

家系について一瞥《いちべつ》すれば、父は第八代の睿宗《えいそう》（在位一四六八～六九年）であり、祖父は第七代の世祖（在位一四五五～六八年）という血筋である。世祖といえば、第四代の世宗大王を父とし、第五代文宗《ぶんそう》の弟でありながら、幼い甥《おい》の第六代端宗《たんそう》（文宗の子）を死に追いやり、王位を奪ったことは周知のとおり（世祖簒奪《さんだつ》）。その余波で、世子に封じられた徳宗（世祖の長男。睿宗の兄）が急逝すると、それは端宗の母の呪いによるという伝承まで生まれた（李肯翊《りこうよく》『燃《ねん》藜室《れいしつ》記述』巻四、出典は「逐睡篇」）。

徳宗の死後に世子となった睿宗だったが、即位後わずか一年あまりで死去。そこで、徳宗の長子である成宗が第九代の王として推戴され、その煽《あお》りで斉安君は世宗大王の五男、平原君の養子とされた。国王であれ、士大夫であれ、家系をたどるのは面倒なので、左頁の系図を参照されたい。

ところで、魚叔権（生没年未詳。一六世紀半ばに活躍）の『稗官雑記《はいかん》』には次のような話が記されている。

――斉安君はこのうえないバカだった。（中略）「女陰は汚い」と婦人を近づけようとしないので、睿宗の血統が絶えることを憂いた成宗が房事に長《た》けた宮女を遣わした。夜、部屋に忍び込んだ宮女は眠る斉安君の陰茎を撫《な》で、勃起したところで交接に及んだが、驚いた斉安君は大声をあげるや、一物を水で洗っては「汚い」と叫ぶのだった。

李氏朝鮮の家系図

○数字は即位順　【　】内数字は在位年

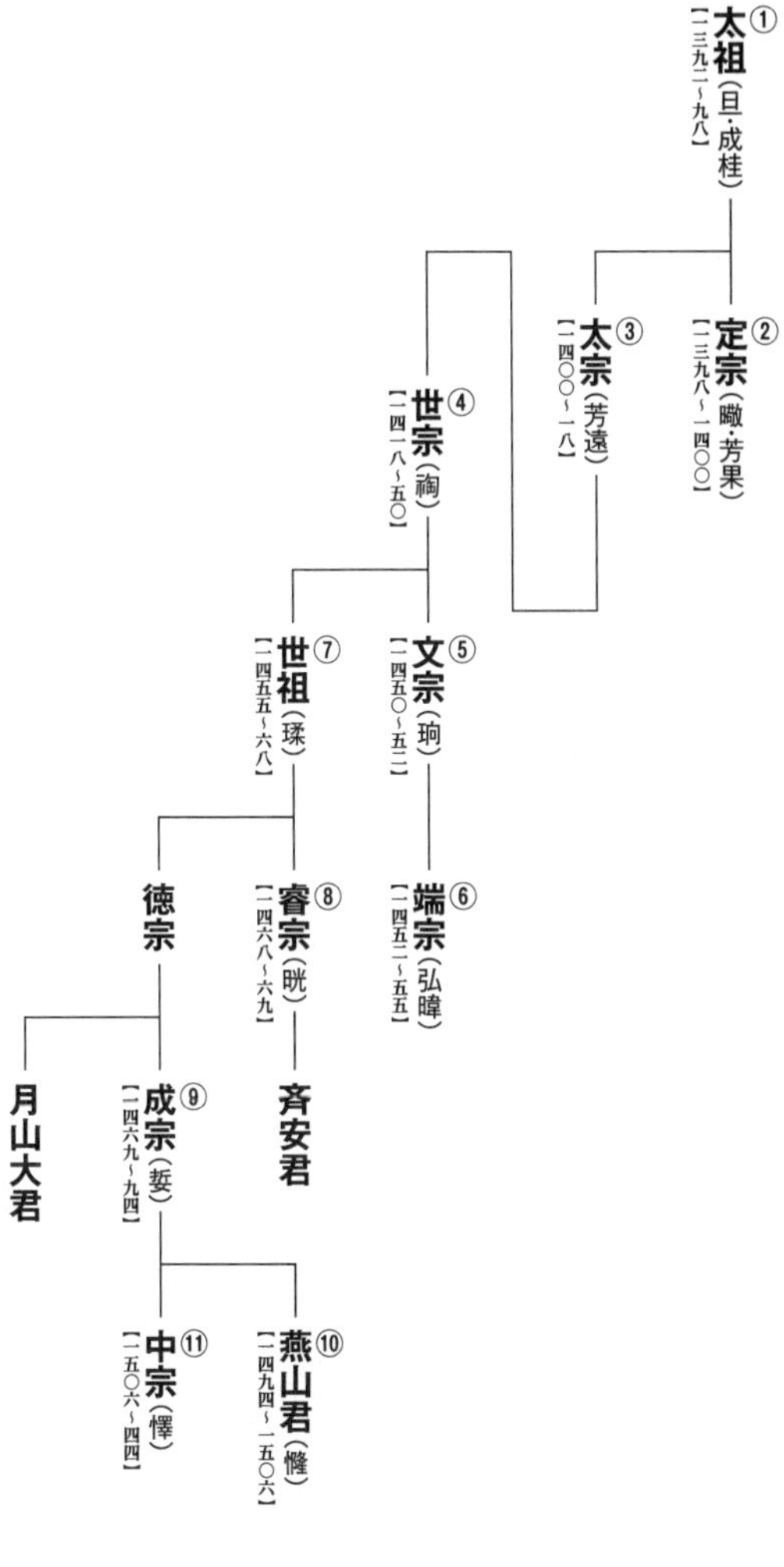

ある時、隣家の士大夫が垣根越しに、斉安君が五、六人の侍女を連れて歩いているのを見た。やがて、一人の侍女が溝に跨って小便を始めるや、斉安君は地に伏して覗《のぞ》き込んでいった、「まるで鶉《うずら》の巣みたいだ」。つまり陰毛が濃いというのである……（『稗官雑記』巻二）。

「女性器は醜く、男性器は滑稽だ」と述べたのは、確か詩人の田村隆一だったと記憶する。とはいえ、仮にも王族の逸話である。宮女や侍女との絡みは描写が直截《ちょくせつ》すぎ、殆《ほとん》ど淫談悖説《ウムダムペソル》（韓国語で下ネタ、エロ話の意）としか思えない。しかし、文末で魚叔権は、実は斉安君はバカではなく、宗室（王族）がなまじ賢明だと身を危うくする恐れがあるため韜晦を貫いたに過ぎないのだという。

柳夢寅《りゆうぼういん》（一五五九～一六二三年）の『於于野談《おうやだん》』でも「陽愚避患」（愚を陽《いつわ》って患《わざわい》を避けた）とする。もし、それが事実なら、成宗の狙いも他にあったことになり、忽ち淫談悖説転じ、陰謀うずまく宮中劇の一幕へと変じるわけだが、果たして真相はいかに？ そこで『朝鮮王朝実録』で斉安君の「女関係」を洗ってみると、興味深い記事を見出《みいだ》した。

斉安君は二度結婚しているのだが、十二歳で娶《めと》った最初の妻金氏は病弱だったため、後嗣がないことを恐れた生母の安順王后の意向により無理やり離縁させられる（『成宗実録』十年己《き》亥《がい》（一四七九年）十二月二十一日壬申《じんしん》の条）。ところが、十四歳で再婚した朴氏とは不和で、前妻を忘れられない斉安君は密《ひそ》かに金氏のもとに通いはじめ、やがて世間の知るところとなった。当然ながら厳しい非難を浴びるが、それでも屈せず、成宗に金氏との「復合」（復縁の意）を願い出たのだった（『成宗実録』十六年乙巳《いつし》（一四八五年）五月二十九日戊寅《ぼいん》の条）。この時すでに朴氏は亡くなっており、また安順王后が承諾したこともあって、成宗は臣下の反対を抑え、聞き入れてやることにする。しかし、一度離縁した金氏との再婚は認められないので、血筋を絶やさぬためにも他の女人との正規の婚姻を勧めるが、斉安君は拒み続けたのだという。

安順王后の言葉の中に「斉安大君は愚戇《ぐうとう》にして病いあり……」という一節がある（同前。七月十二日庚申《こうしん》の条）。生母のいうことも聞かず、離縁した前妻に未練タラタラの不肖の子をバカ呼ばわりするのは当然だろう。ただ、ここで注意すべきは、先の成宗に復合を上申した際、斉安君は「諺文《おんもん》の書を上す。承政院は飜譯《ほんやく》し、以て啓す」とあるように、諺文すなわちハングルで書状をしたため、承政院（王命の出納を司る官庁）がわざわざ漢文に翻訳したうえ、国王の閲覧に供していることである。逆に言えば、斉安君はまともな漢文も書けなかったことを意味しよう。それが事実ならば、斉安君バカ説を生み出した要因の一つとなったはずだ。

では、もう一つの「色を知らず」はどうだろう？　無論、『朝鮮王朝実録』のどこを探してみてもそのような記述は見当たらないし、そもそも色も知らない男が最初の妻に拘泥するはずはない。とすれば、一体どこからそのような「デマ」がもたらされたのか？

この疑問を解く鍵は李荇《りこう》（一四七八〜一五三四年）が書いた斉安君の墓碑「斉安大君神道碑

銘」（『容斎集』巻十、および『国朝人物考』所収）にあった。歴史的人物の行跡をたどろうとする時、『王朝実録』のような史書を検索することは元より有効だが、往々にして断片の集積に過ぎず、しかも、そのあいだには明らかな「欠落」が存在することが少なくない。その間隙を埋め、曲がりなりにもライフストーリーを提示してくれるのが墓碑銘のような伝記資料なのである。前後を端折《はしよ》り、ポイントだけを示せば次のとおり。

①四歳で父の睿宗が亡くなるが、斉安君は「幼くして慧《けい》ならず」だったので、成宗が後継者に指名された。

②十二歳で金氏と結婚するも、安順王后の命により離縁。朴氏と再婚したが前妻が忘れられず、結局は復合して「今なお恙《つつが》なし」。

③母后の葬儀にあたっては独り服喪を続け、孝を尽くした。成宗から下賜されたものは肌身離さず大切にした。

④平生、女色を近づけず、音楽を楽しんだ。仕える女僕たちも音律を解さぬ者はいなかった。

⑤四人の女僕が燕山君に召し出され、さらに求められたものの、応じなかったため、王から威圧される。それ以後は音楽を捨てて静かに暮らしたので、王もそれ以上咎《とが》めなかった。

中宗反正のあと、再び音楽を楽しんだが、人々は斉安君のことを「能《よ》く変に処す」と評したのだった。

①は斉安君バカ説を補強するもの。②で目を引くのは、「今なお恙なし」の一節である。『中宗実録』(二十四年己丑[一五二九年]四月二十一日丙戌《へいじゅつ》の条)には、斉安君の夫人が卒した記事が見え、これは金氏のことだろう。とすれば、斉安君夫妻はめでたく偕老《かいろう》同穴を果たしたことになる。③は斉安君の忠孝を示すもの。親に孝、君に忠は大半の伝記資料で定番的な記述なので、もとより鵜《う》呑《の》みにする必要はないが、『王朝実録』の記述と照らし合わせても、少なくとも成宗とは対立関係ではなかったと思われる。

⑤のように、管弦を愛《め》でる士大夫がスジのよい奴婢を楽人なみに教育することは珍しくなかった。斉安君もその一人だが、ただ先に見た好色漢どもとは違い、女たちには手を出さなかったようである。このあたりが「色を知らず」の出典くさいが、それだけで一件落着とはいかない。ここで注目すべきは、⑤の燕山君に召し出された奴婢である。なぜなら、その一人こそはかの張緑水(?～一五〇六年)だったからだ。

燕山君の母尹氏は色好みの成宗に対する異常な嫉妬が災いし、妃《きさき》の座を追われたうえ、賜薬(王が下賜する毒薬)を呑《の》まされて死ぬ。即位後、はじめてその事実を知らされた燕山君は関係者を粛清したのちに暴君と化し、最後は宮廷クーデターによって放逐された顚末《てんまつ》は、映画

『王の男』（二〇〇五年、李濬益《イジュニク》監督）などでもお馴染《なじ》みだろう。張緑水とはその映画にも登場した、夫ある身でありながら燕山君の寵愛《ちょうあい》を受け、権勢を恣《ほしいまま》にした希代の悪女である。

――緑水は斉安大君の家婢なり。性慧《さと》くして善く人の意を候《うかが》う。初め貧甚して身を売り、以て食す……後に歌舞を学び、娼となる。歌を善くし、脣歯《しんし》を動かさず、その声は清亮として聴くべし。年三十余なるも貌《かお》は二八の児の如し。王聞きてこれを悦び、遂《つい》に納む。これより寵愛日に隆《さか》んにして言うところ皆従う。……王を操弄すること嬰児《えいじ》の如く、王を戯辱すること奴隷の如し。王盛んに怒れども緑水を見れば則ち必ず喜笑す。賞刑は皆その口にあり……」

（『燕山君日記』八年壬戌〔一五〇二年〕十一月二十五日甲午の条）。

これを読んだだけでも、マザコンの燕山君を狂わすに十分な手練手管を持ちあわせていたことがわかろう。緑水は燕山君とのあいだに女児（名は霊寿）を儲《もう》けたうえ（同前。十二月八日丙午の条）、もとの夫には官職まで与えられたというから、妖婦・毒婦とはまさしくこのような女を指すに違いない。

一方、斉安君はどうしていたのだろうか？『王朝実録』には李苻の墓碑銘の⑤に記されたような、奴婢の進上を拒んで燕山君から威圧されたとの記事はない。しかし、二人の緊張関係を示唆する資料があるのでそれを紹介しておこう。

先ほどの緑水の記事から三年後、燕山君は斉安君の屋敷に蕾英院《らいえいいん》を置いた（『燕山君日記』

十一年乙丑〔一五〇五年〕六月二十七日庚辰の条）。この蕾英院とは当時、運平とか興清とかの別称で呼ばれた妓生たちの居宅の一つである。しかも、その二ヶ月後、おりから猛威を振るう疫病を恐れた燕山君は自分が訪れる前に、「牛糞を焼いて之《これ》を禳《はら》う」（同前。十二年丙寅〔一五〇六年〕一月二十日庚子の条）とあるように、牛の糞を焼き、その煙で蕾英院を禳わせているのだ。

かの名医許浚（?～一六一五年）の『東医宝鑑』（湯液篇巻一「獣部」）には牛糞を戸門に塗ったり、焼いたりすれば「悪気を辟《へき》す」とあるし、また『燕山君日記』（十二年丙寅〔一五〇六年〕四月二十七日丙子の条）にも「牛糞殺鬼丸」なる薬名らしきものも見えるので、牛糞利用は当時の民間療法の一つだったと思《おぼ》しい。とはいえ、自宅を妓生の置屋に改築され、おまけに牛糞まみれにされたとあっては、斉安君がどれほどウツケだったとしても、その内心たるや推して知るべしではないだろうか。

だが、同じ年の秋、さしもの燕山君の暴政も宮廷クーデターにより終焉《しゅうえん》を迎える。王宮を追われた燕山君は江華島《カンファド》に移され、翌年死去するが（いうまでもなく自然死ではないだろう）、かたや張緑水の最期は次のようなものだった。

——軍器寺《ぐんきじ》（兵器・弾薬の製造を司る官庁）の前にて緑水ら三人を誅《ちゅう》す（人名略）。都人ら争い、瓦礫《がれき》を以てその陰戸に擲《なげう》って曰《いわ》く、「一国の膏血《こうけつ》、ここに尽く」と。須臾《しゅゆ》にして成積す

（『燕山君日記』十二年丙寅〔一五〇六年〕九月二日己卯の条）。

国を誤らせた悪女の陰戸に石礫《いしつぶて》とは凄《すさ》まじい。「水に落ちた犬を打て」といったのは魯迅《ろじん》だが（「フェアプレイはまだ早い」）、どうやらそれはこの国でも適用されるテーゼであるようだ。

さてその後、斉安君は一五二五年に五十九歳で亡くなるまで、平穏な日々を送ったので、確かに終わりを全うしたわけであり、その意味では「能く変に処す」といえよう。だが、彼はどこまで意識的に韜晦を貫いたのか、まだ釈然としないものが残るのだが、すでにかなりの紙幅を費やした。これ以上の詮索はひとまず置いておくことにしよう。

『慵斎』や『稗官雑記』の記述の不足や誤謬《ごびゅう》は、斉安君の置かれた状況の複雑さに起因し、致し方なかった面もあろう。とはいえ、仮にも王族に対し、ここまでアケスケに書けるとは驚きを禁じえない。どうやら、十五世紀朝鮮の君臣関係は私たちの想像するものとはかなり異質で、かけ離れたところがあったようである。

——史臣曰く、（斉安君）琄《けん》は睿宗の嗣なり。性戇《おろか》にして男女間の事を識《し》らず。日に（音）楽をなし、侑食《ゆうしょく》（食事をともにすること）を以て事となす。しかるに、或いは事を行うに礼に合するあり。人これを佯愚《ようぐ》（愚かさを佯《いつわ》ること）と謂う（『中宗実録』二十年乙酉〔一五二五年〕十二月十四日戊戌の条）。

斉安君の卒記（死亡記事）だが、まことに人の賢愚というものは棺《ひつぎ》を覆いてもなお容易には決しがたいもののようである。

（八）於于同《おうどう》——朝鮮最大のセックススキャンダル

燕山君と張緑水のような政変劇はストーリー展開が明瞭で、エログロ的な要素にも富み、映画の題材にうってつけであることは林権沢《イムグォンテク》監督の『燕山日記』（一九八七年。主演は李明《イミョン》博《バク》政権で文教部長官となった柳仁村《ユインチョン》）や『王の男』で実証されていよう。それと双璧をなすのが、朝鮮時代最大のセックススキャンダルを起こした於于同である（李長鎬《イジャンホ》監督が李甫姫《イボヒ》と安聖基《アンソンギ》主演で一九八五年に映画化した。また、二〇一四年にはソン・ウンチェ主演の『於于同―主なき花』が公開されたが、至って凡作だった）。

さて、事件は一四八〇年に表面化する。

――於于同は知承文（承文院知事のこと。承文院は外交文書を管掌する役所。知事は正二品の官）朴先生の娘である。家は富み、娘も婉孌《えんれん》として美しかった。しかるに、放蕩《ほうとう》で素行不良。宗室の泰江守（李仝《りどう》）の妻となったものの、夫も制止できない。ある時、銀の器を作らせるため職工を呼んだところ、なかなかの美男だった。喜んだ於于同は、夫が外出したあと奴婢の服に着替え、男のそばに座って仕事を誉《ほ》める。そうして情を通じると部屋に引き入れ、淫猥《いんわい》を恣《ほしいまま》にしたのだった。やがて夫に知られ、離縁されるが、それを機にさらにエスカレートする。

於于同に仕える奴婢がいた。彼女もまた美形で、夕暮れになると着飾って街に出、若い男を物色しては主人のもとに送り、自分も他の男と情事を楽しんだ。日ごと二人は街中に出没し、誰もが知るようになったが、邸では気づかない。そのうち路傍に家を借りると、部屋の中から道行く者を於于同が指差し、「あの男は若いね。この男は鼻が大きいわ」といえば、すぐに奴婢が話をつけ、男を誘い込んではそれぞれに楽しんだのだった……（『慵斎』巻五）。

宗室に嫁ぐほどの家柄の娘が素行不良で離縁、そのあとは男漁《あさ》りで世間に知られるようでは、只《ただ》で済むはずはない。しかし、ただの淫乱女なら表沙汰になる前に密かに片付けられ、歴史の表に名を残さなかったはずだ。於于同の淫行が朝野を揺るがすスキャンダルにまで発展したのは、ひとえに相手による。『王朝実録』から、その主な顔ぶれを拾えば次のとおり（職位は事件当時のもの）。

李瀾《りらん》　方山守（宗室）
李驥《りき》　守山守（宗室）
盧公弼《ろこうひつ》　都承旨・大司憲　盧思鎮の長子

魚有沼　都摠官《とそうかん》・吏曹判書　武人
金世勣《きんせせき》　副護軍　武人
具詮　内禁衛（国王を陪衛する軍）
洪璨《こうさん》　学録（成均館の正九品）
金偁《きんしょう》　前富平府使
鄭叔墀《ていしゅくち》　水原判官
金暉《きんき》　都事（官吏の糾弾を司る、従五品）
李承彦《りしょうげん》　生員（小科の合格者）　春陽君の女婿
呉従連　憲府の都吏
甘義亨　書吏
朴強昌　典医監生徒
李謹之　良人
知巨非　奴婢

於于同（『王朝実録』では於乙宇同と表記することが多い）はこれらの男たちとどのようにして関係を持ったのだろうか？　詳細を極めた『成宗実録』の記録は（十一年庚子（一四八〇

う。

年」十月十八日甲子の条）当時の関心の大きさをよく示しているが、その該当部分を紹介しよ

●於乙宇同は承文院知事朴允昌《ぼくいんしょう》の女《むすめ》である。初め泰江守の李仝に嫁いだが、素行を慎まなかった。ある時、李仝が銀匠を家に呼び、銀器を作らせた。於乙宇同は銀匠が気に入り、女僕に仮装して親しく語って私通した。それを知った李仝は於乙宇同を追い出したのだった。

●母の家に戻った於乙宇同が嘆いていると、一人の女奴が慰めて言った。「人生は短いのです。嘆いてばかりいても始まりませんよ。憲府の都吏をしていた呉従連は（前夫の）泰江守よりずっと男前ですし、家柄も悪くなくお似合いの相手ですわ。もしお望みならば私が何とかしますが……」。於乙宇同が頷《うなず》いたので、数日後、女奴が従連を連れてきた。乙宇同はすぐ迎え入れ、奸《かん》（情事）に及んだのである。

●また或る時、平服に着替え、方山守李瀾の屋敷の前を通ると、李が於乙宇同を迎え入れて奸した。二人の情好は甚だ篤《あつ》く、於乙宇同は李瀾の名を自分の腕に彫らせ、刺青《いれずみ》したのだった。

●また端午の日、艶やかに化粧して外出し、城西で鞦韆《しゅうせん》（ブランコ）に乗って遊んだ。すると、（守山守の）李驥が見そめ、奴婢に「どこの女か」と尋ねる。女奴が（偽って）「内禁衛の妾《めかけ》でございます」と答えると、李驥は南陽京にある屋敷に迎えて、情を通じたのだった。

●典医監生徒の朴強昌は奴婢を売買する件で於乙宇同を訪ね、値段の交渉を始めた。於乙宇同

は朴を見るや誘惑し、奥の部屋に入れて奸したのである。於乙宇同は最も朴を愛し、またもその名を腕に彫ったのだった。

●また、李謹之という者が於乙宇同は淫を好むことを聞いて、これに通じようと思い、ただちに屋敷に出向くと方山守（李瀾）に仕える者だと偽った。於乙宇同は李謹之を見るや、すぐ奸したのである。

●内禁衛の具詮は於乙宇同に隣居していた。ある日、墻《かきね》越しに於乙宇同が庭にいるのを目にし、墻を越えて入ると、二人は手に手を取って翼室《よくしつ》（屋敷の左右に付属する部屋）に入って奸したのである。

●生員の李承彦は家の前を於乙宇同が歩くのを見て女奴に尋ねた。「きっと選上の新妓（地方から都へ送られる妓女）なのだろうな」。女奴が（偽って）「そうです」と答えると、承彦はあとを追い、あれこれ声をかけながら家まで随《つ》いていく。寝室に入ると置いてあった琵琶《びわ》を手にして弾いた。そこで於乙宇同が名を尋ねれば「李生員だ」という。「都に李生員という人はいくらでもいますよ。お名前は何かしら？」と重ねて問えば、「春陽君（李徠《りらい》）の女婿の李生員だ。こういえば誰でもわかる」と答え、それから二人は同宿したのだった。

●学録の洪璨は初めて科挙に及第し、遊街（科挙合格を告げるパレード）に出て方山守（李瀾）の屋敷前を通った時、於乙宇同を目にし、ものにしたいと思った。その後、偶然道で出会ったが、顔を隠す於乙宇同のあとを追い、家まで着いていって終《つい》に奸したのである。
●書吏の甘義享も道で於乙宇同に出会い、ちょっかいを出しながら家までついていき、奸した。於乙宇同は甘を愛し、その名を背中に彫ったのである。
●密城君（李琛《りちん》。世宗の庶子）の奴婢である知巨非は於乙宇同の隣に住み、関係する機会を狙っていた。ある時、夜明けに於乙宇同が出かけるのを目にした知巨非は「婦人が闇に紛れて出かけるとは怪しい。俺が大声で叫んで隣近所に知らせれば、事件になるぜ」と脅した。騒ぎを恐れた於乙宇同はとうとう男を屋敷に引き入れ、奸したのだった。

「名都に妖女多し」と詠《うた》ったのは魏の曹植だった（「名都篇」『文選』巻二十七）。現代ならこの程度の好色一代・淫乱・肉食系女子は珍しくもないだろうし、江戸時代の日本であれば「淫水の乾く間もなし於乙宇同」とでも川柳に歌われ、巷《ちまた》に浮名を流したぐらいですんだかもしれないが、朝鮮王朝ではそうはいかない。宗室から奴婢に至るまで、相手選ばぬ広大無辺なる度量には感服の他ないものの、事ここに至れば社会的制裁は必至。重罪に問われるのを察知した於于同は逃亡を図るが、朝廷の厳しい追及に遂《つい》に捕らえられてしまう。

やがて、芋づる式に関係者一同の詮議が始まり、罪状に応じて刑罰が定められた。先に挙げた十六人のうち、魚有沼・盧公弼・金世勣・金偁・金暉・鄭叔墀らは李瀾の誣告《ぶこく》による疑惑であって証拠不十分とされ、無罪放免となっている。

しかし、金俑や金暉・鄭叔墀のように、もともと素行問題で物議をかもしていながら国王が庇護《ひご》した人物も含まれており、十分吟味されたかどうかは疑わしい。つまるところ、ごまかしようのない宗室二人と身分の低い者たちだけが裁かれた、ご都合主義的な裁きであった印象がぬぐえないだろう。成俔がいうように、「遠方に流刑にされた者は数十人、露見せずして免れた者多し」(『慵斎』巻五)という状況では、処分者は最小限に抑えようとしたとしか思えない。

一方、主犯の於于同はどうなったのか? 当時の法規に照らせば、於于同は「決杖一百、流二千里」、つまり棒叩き百回のうえ、流刑が妥当だったという。

しかし、士大夫の娘であり、宗室の妻だった者が淫行を恣にしたのは娼妓に等しく、極刑に処すべきだとの声も強く、義禁府(王の命により、大逆罪や綱常罪など国家体制維持に関わる獄事を扱った官署)の上啓においても流刑派(鄭昌孫・金國光・姜希孟《きょうきもう》・洪應《こうおう》・韓継禧《かんけいき》・李克《りこく》培《ばい》)と極刑派(沈澮《ちんかい》・尹弼商《いんひつしょう》・玄碩奎《げんせきけい》)の二つに意見が割れた。前者は法にもとづいた裁きを求めたのに対し、後者は極刑をもって後世の戒めとせよとしたのである。

――太宗朝では承旨の尹脩《いんしゅう》の妻が盲人の河千慶を奸し、世宗朝では観察使の李貴山の妻が承旨の趙瑞老を奸し、ともに処刑されました。しかし、その後、判官の崔仲基の妻の甘同が娼妓と称して淫行を恣にしましたが、死刑は免れています。いま於乙宇同は宗室の妻でありながら淫欲を恣にし、畏れ忌むところもなく、極刑にしても可なりでしょうが、律に照らせば死刑とはなりません。願わくば死を免じ、遠配にされますよう（『成宗実録』十一年庚子〔一四八〇年〕九月二日己卯の条）。

流刑派の李克培の意見だが、十五世紀朝鮮における「人治」主義から「法治」主義への志向がうかがえるようで興味深い。しかし、成宗の「於乙宇同は淫縦にして忌むなし。これをして誅せざれば、後人何を以て懲せんや」のひと言で議論は決着がつけられ、於于同は絞首刑となったのである。その背景には、政治経済的な安定とは裏腹に、風紀紊乱《びんらん》の一途だった世相に対する成宗なりの危機感があったものとされる。

成俔はこの時、左副承旨として左承旨の蔡寿とともに王の下問に答え、「於乙宇同の罪は重いものの、律によれば死には至りません。〈法を守ること金石の如く堅ければ民の信はいつも保たれる〉と古人も申しました。もし極刑にすれば法を損ないはせぬかと恐れます」と穏当な慎重論を述べたものの、成宗に一蹴されている。

成俔は罪刑法定主義に忠実であろうとしただけでなく、於于同に同情的ですらあった。於于同が刑場に引き立てられて行く時、「良家の女にもかかわらず、極刑に処されるのを憐《あわ》れみ、路傍で涙する者もいた」と述べ（『慵斎』巻五）、また、客を拒んでムチ打たれた妓生が「於于同は淫を好んで罰せられ、私は淫を拒んで罰せられる。朝廷のお裁きは何でこうも違うのか」と不平を言い、それを聞いた人々は「確論」（もっともな主張）だといった話（同前。巻六）

を記しているところにも、成俔の思いが透けて見えよう。

また、『慵斎』（巻五）には次のような異伝が見える。

――於于同は方山守の李瀾とも通じたが、李は年若く剛毅で詩をよくした。於于同も李を愛し、夫婦のように暮らした。ある日、李瀾が於于同の家に赴くと、女は春遊に出かけておらず、ただ紫の袖衫（上着）が塀の上にかけてあった。そこで李は衣のうえに一篇の詩を書き残したのだった。

玉漏　丁東として　夜気は清く
白雲　高捲し　月は分明たり
間房　寂謐として　余香在り
写すべし　如今　夢裏の情

玉漏（水時計）の水音は響き、夜気は澄み渡る
白雲は空高く　月は光り輝く
主なき寝屋は音もなく　残り香だけが漂う
夢中の情を　描きしがごと

李瀾は於于同が最初に刺青を彫らせたほど愛した男であることは先述したが、ここではそのような生臭い痴情が艶雅な閨情詩《けいじょうし》に置き換えられており、いかにも心優しき成俔らしい趣向といえよう。「于嗟《ああ》　女よ、士《おとこ》と耽《ふけ》ること無かれ。士の耽るは猶《な》お説く可《べ》きなるも、女の耽るは説く可からざるなり」（男は情事に耽っても言い訳できるが、女はそうはいかぬ、の意）と

は『詩経』衛風「氓《ぼう》」の一節だが、成俔も思いを同じくしていたに違いない。

　因みに、於于同に詩の素養ありとする伝承は『慵斎』以外にも存在する。権応仁（一五一七年〜?）の『松渓漫録』上（一五八八年頃執筆）では、「扶余懐古詩」と題した「白馬台　空しく幾歳《いくとせ》を経　落花岩《らっかがん》　立ちて多時を過ぐ　青山かつて緘黙《かんもく》せざるに　千古の興亡　問いて知るべきや」なる詩篇をあげ、淫婦於于同の作とする。落花岩とは、百済《くだら》滅亡の際、崖の上から白馬江《ペンマガン》に身を投じた宮女たちが落花のように見えたという伝承にもとづくものだが、於于同がそれに淪落《りんらく》したわが身を重ねたわけでもあるまい。「謂わゆる才ありて（徳）行なきもの」の典型だと権応仁はいうのだが、亡国の百済を吟じた詩句も常套《じょうとう》すぎて陳腐であり、於于同らしさはさほど感じられないように思える。

　これらはいずれも士大夫のロマンチックな文人趣味の反映といえようが、『王朝実録』はあくまで仮借なきリアリズムに徹し、その矛先は於于同の母にまで向けられた。娘と同じく母親も奴婢と通じたため、夫から捨てられたというのである（『成宗実録』十一年庚子〔一四八〇年〕六月十五日甲子の条）。しかし、母が姦通《かんつう》して離縁されていたなら、娘の於于同は宗室のところになど嫁げなかったはずだが、或いは母娘のスキャンダルはほぼ同時だったのかもしれない。於于同が捕らえられた時「人は誰でも情欲がある。私の娘は男狂いが過ぎただけだ」と語ったというから、この母にしてこの娘ありということだろうか（同前。十月十八日甲子の条）。

そして、極め付きは於于同の甥だった成根の大罪である。――成根の母鄭氏は淫婦だった。成根が幼いとき、母の寝室を覗くと布団から四本の足が出ていた。それを人に話したため母は成根を憎み、夜は櫃《ひつ》の中に押し込め、衣服や飲食は奴婢同様にして虐待した。それを恨んだ成根は長じて他の奴婢と共謀し、母親を殺したのだった（『成宗実録』十九年戊申《ぼしん》〔一四八八年〕八月二十二日癸丑の条）。

於于同が処刑されてから八年後のことだが、たとえ事実だとしても『実録』のこの執拗《しつよう》さは尋常ではない。どうやら「水に落ちた犬は打て」は、いずこであれ徹底されるのが儒教社会なるもののようである。

（九）二儀の人――「ふたなり」舎方知《しやほうち》の女装趣味

ここまで色欲痴情まみれの世界を叙述してきたが、士大夫の随筆程度ならともかく、『王朝実録』のような正史で、しかも国王自らが巷のスキャンダルについて大マジメに議論する姿に驚いた方も少なくないだろう。誤解のないよう申し上げておくが、それは決して朝鮮の王様がヒマでモノ好きだったからではない。

そもそも、例えば『易経』に見られるように、陰陽の結び付きによって天地万物が創生するというのが東アジア中国文化圏の古典的な世界観である。さればこそ、かの世阿弥《ぜあみ》も「そもそも、一切は陰陽の和する所の堺《さかひ》を、成就《じやうじゆ》とは知るべし」(『風姿花伝』第三)と述べたわけだろう。無論、男女関係や風俗もその一部であり、従ってその紊乱はすなわち、天地の陰陽の調和の乱れを意味し、その責任は為政者のまつりごとに起因すると考えたからである。これを天譴《てんけん》思想という。それゆえ歴代の朝鮮国王は、例えば旱魃《かんばつ》に際しては自らの素行を慎み、禁酒令を施行するなどして、ひたすら恭順の意を尽くさねばならなかった。

では、その陰陽そのものが曖昧な時にはいかなる処置を施すべきか、そのケーススタディとなるのが舎方知事件だ。なぜなら、舎方知はいわゆる「ふたなり」だったからである。

平安末期の絵巻物に人の疾病の諸症状を描いた絵草子「病《やまい》草子」があるのはよく知られていよう。その中に男性器の下に女性器が付属した男の姿が見え、「ふたなり」と題するものがある。半陰陽とか、両性具有とか呼ばれるもので、その症例は古今東西少なくない。舎方知もその一つだが、ここでは『王朝実録』の記述を再整理しながら、事の顚末を見てみよう(引用資料は日付が前後する)。

——延昌尉安孟聃《あんもうたん》の奴婢だった舎方知はもともと「鬚《ひげ》がなく、外見は女そっくり。裁縫が得意で、衣服も女ものを着ていた」(『世祖実録』十三年丁亥〔一四六七年〕四月五日庚子の条)。

ある時、剃髪《ていはつ》して尼僧になりすますと、尼の仲非（もと奴婢）や智遠およびその下女らと姦通した。仲非らが妊娠を恐れると、舎方知は「前に内豎《ないじゅ》（宦官）金衍《えん》の妻（宦官も妻帯することがあった。無論、形式的なものである）と何度も交接したが、孕《はら》まなかったから大丈夫」というのだった（同前。八年壬午〔一四六二年〕五月二日丙申の条）。

舎方知事件の相関関係図

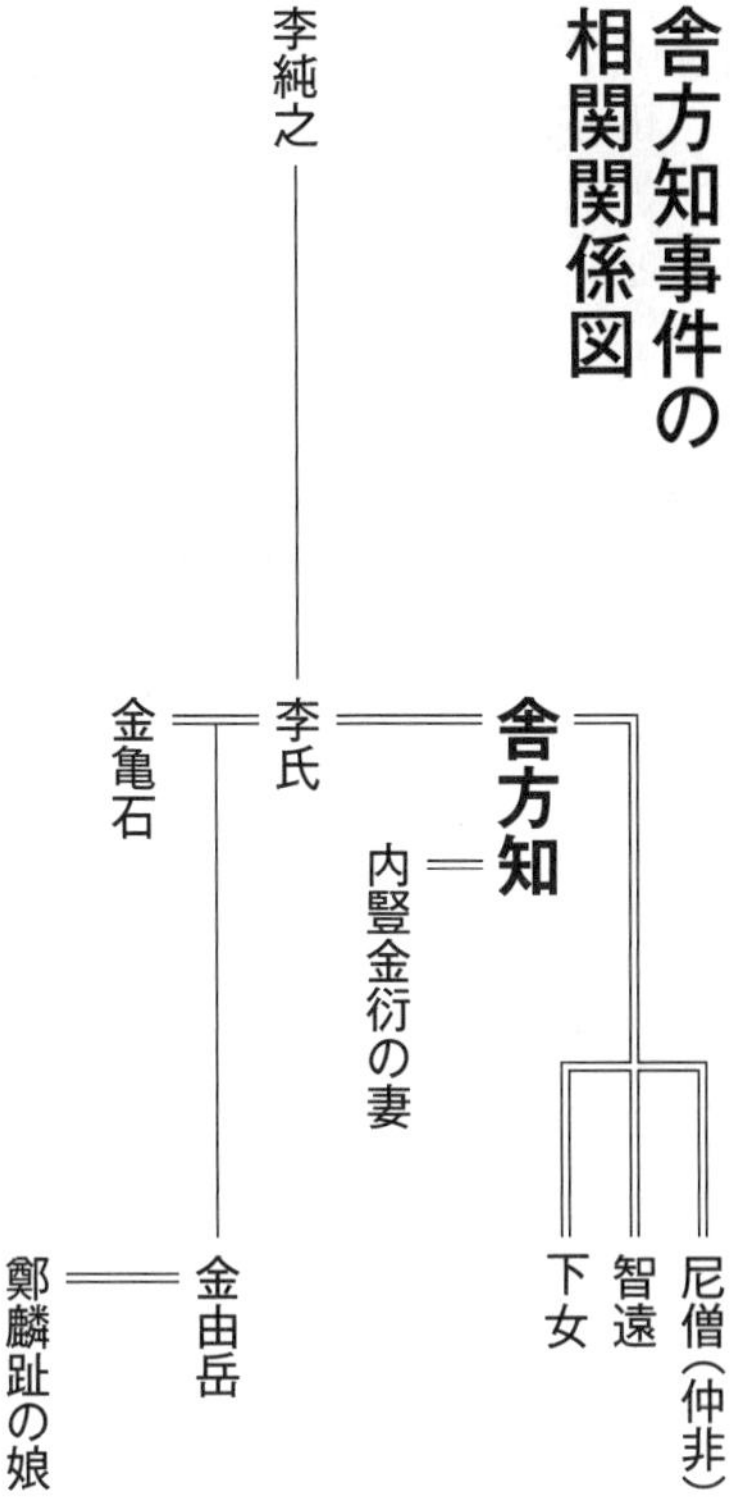

また寡婦の李氏（金亀石の妻）と懇ろになり、その屋敷で寝食をともにするようになった。やがて世間の知るところとなっても、李氏には恥じる様子もない。そして、ついに風紀紊乱のかどで捕らえられたのである（同前。四月二十七日壬辰の条）。

尼僧らもさることながら、問題は寡婦の李氏だった。なぜなら、その父は中枢の李純之であり、その子息は河東府院君鄭麟趾《ていりんし》の娘婿金由岳だったからである。舎方知事件の相関関係を図示すれば、前頁のとおり。

李純之（?〜一四六五年）は算学・天文学の造詣深く、世宗大王に取り立てられて、仰釜日影《ぎょうふにちえい》（日時計）や自撃漏《じげきろう》（自動水時計。その復元模型が景福宮内の国立古宮博物館にある。小ぶりな山車《だし》ほどの大きさで、人形が出てきて時を知らせる鐘を打つなど、その精巧な仕かけは見ていて楽しい）などの器械製作に携わったことで知られる（因みに、韓国の一万ウォン紙幣の表は、世宗大王の肖像と自撃漏である）。晩年に娘の不行跡に巻き込まれたのは不運だったが、事件発覚後、取り調べによって舎方知が男であることが判明しても、「舎方知の男根は贅《いぼ》に過ぎない」などと強弁したために、世間の嘲笑を買ったという（同前。丁亥〔一四六七年〕四月五日庚子の条）。

舎方知は李純之のもとに預かりの身となるが、これでは監視の目が行き届くはずもなく、李氏の温泉行きに随行するなど、舎方知のやりたい放題。李純之の死後はとうとうヨリを戻し、再び物議をかもすこととなった。どうやら李純之は、天地の陰陽を読み解くことは得意であっても、男女の陰陽の機微には疎かったようである。

鄭麟趾（一三九六～一四七八年）は朝鮮初期の代表的な学者・政治家。『治平要覧』『高麗史』『龍飛御天歌』などの編纂《へんさん》、および訓民正音の制定に力を注いだ。また、世祖簒奪《さんだつ》の他、多くの政乱を巧みに乗り切り、晩年には佐理功臣二等まで至った大物である。その娘婿となった金由岳は、母李氏の醜態に泣いて諫言《かんげん》したものの聞き入れられず（同前）、のちに慶尚道《キョンサンド》の都事（地方長官である観察使の補助をつとめる従五品の官）に任用される際にも母の不行跡が蒸し返され、ケチをつけられたという（『成宗実録』癸巳《きし》四年（一四七三年）十一月九日丙申の条）。

さて、この舎方知事件に対し、臣下らは処罰を求めたが、国王の世祖は「李純之も士大夫の家門ではないか。しかるに、曖昧で明らかにし難い嫌疑によって満天下に恥をさらすのは耐え難いだろう」（『世祖実録』八年壬午（一四六二年）四月二十七日壬辰の条）と、当初より庇《かば》おうとしたのである。於于同事件とは対照的な対応だが、世にも稀《まれ》なる「ふたなり」への好奇心も働いたらしく、その「実態」解明にも力が注がれた。

最初の取り調べでは、「女装をし、陰茎・陰嚢《いんのう》は男である」と簡単な報告に過ぎず、それでは埒《らち》が明かぬと、次に承政院に命じ、河城君鄭顯祖《ていけんそ》（娘が李氏の嫁となっていた）や宗室の永順君溥《ふ》、および承旨らをしてさらに詳しく調査させた。それによれば、「首飾りや服飾は女であるが、容貌および陰茎・陰嚢は男。ただし、精道は茎頭《けいとう》の下にあるのが人とは異なる」という（同前）。つまり、男性器には多少の奇形があるものの、その他はほぼ男だったようである。

当時、これを「二儀の人」と呼んだ。二儀、または両儀とは本来、陰陽を指す言葉であり、太極図のようにそれらが交わって宇宙万物を生成するというのが宋学のテーゼだったことは周知のとおり。しかし、はじめから陰陽が混交してしまってはその役をなさないどころか、かえって天地に仇《あだ》なす妖物と化そう。そこで権擥《ごんらん》・韓明澮・中叔舟《しんしゅくしゅう》・洪允成《こういんせい》といった当代の名だたる権臣らが声を揃《そろ》えて舎方知の抹殺を求めたのだった。とはいえ、半陰陽なる存在が不可解なのは誰しも同じで、そこで処置の根拠として登場したのが『江湖記問』なる中国書である。最初、申叔舟が名を挙げたこの書について、世祖が徐居正に尋ねるくだりが『王朝実録』に見える。

――（世祖）徐居正に謂いて曰わく、「卿も亦《また》これを知るや？」。居正対《こた》えて曰わく、「果してこれ有り。其《そ》の辞に曰う、〝天の道にありて曰わく陰と陽。人の道にありて曰わく男と女。此の人、男に非ず、女に非ず。これを殺して赦すなし〟と」（同前。十三年丁亥〔一四六七年〕四月五日庚子の条）。つまり、半陰陽など殺してしかるべしというのだが、世祖はそれに対し、「この者は人の類いに入らないのだから、国の中に置かず、遥か遠方に流して奴婢にすればよい」として、死罪を免れさせたのだった。

徐居正の『筆苑雑記《ひつえんざっき》』巻二には、さらに詳しく『江湖記問』が引用されているが、世祖は徐居正の博覧強記を評価しながらも、「無理やり物事の白黒をつけるべきではない」と苦笑しながらやんわり諭したという。『江湖記問』は朝鮮初期に流布した中国の雑筆類で、徐居正の親友であった成任《せいにん》の『太平通載』の引用書の一つでもあったことは後述する（第五章）。当時の士大夫たちはこのような書物にも目を通し、博学または雑学に励んでいたわけだが、世祖ならずとも些《いささ》か瑣末《さまつ》主義の感がなくもない。

さて、この舎方知事件から約八十年後、再び半陰陽が現れる。咸鏡道《ハムギョンド》（朝鮮北部）の吉州《キルチュ》に林性仇之《りんせいきゆうし》という者がいた。

「両儀」なのは舎方知と同じだが、驚くべきことに夫も妻もいたというのである（『明宗実録』三年戊申〔一五四八年〕十一月十八日己丑の条）。朝廷では舎方知事件を参考に（ただし、実録では世祖代だったのを成宗代と誤記している）、林を隔離することにした。林は巫覡《ふげき》、つまりシャーマンにかこつけて男装と女装を使い分け、人家に赴いては淫行を繰り返したらしい（同前。十一月二十一日壬辰の条）。

シャーマンを隠れ蓑《みの》にするとは、スペイン映画『オール・アバウト・マイ・マザー』（ペドロ・アルモドバル監督、一九九九年）に登場する、修道女に扮《ふん》して純真なシスターを妊娠させたうえエイズまで感染させる、バイセクシャルの男を思わせるが、それはともかく、ここでも司諫院《しかんいん》（国王への諫言を司る官庁）は林を「天地間の妖邪淫穢《いんえ》の物」だとし、『江湖記問』を引用して処刑を求めた。しかし、国王は「林は確かに怪物だが、人命は至重であり、僻地《へきち》に置いて人と交わらぬようにすればよい」と斥《しりぞ》けている。林の場合、さほど上層階級とは関わらなかったこともあるが、隔離程度ですんだのはやはり半陰陽だったからだろう。

ところで、そもそも「ふたなり」など存在するのだろうか？ 遠い昔話ではないのか、そう思う方も多いに違いない。しかし、それは決して有り得ないことではないのだ。なぜなら、現代韓国にも両性具有が実在するからである。『이제는 말하고 싶다』（『今こそ語りたい』）の著者 문옥정 氏（漢字表記は文玉貞《ムンオクチヨン》と推定される）がその人である。済州島生まれの著者は男として育ちながらも、やがて自分が両性具有であることに気づき、そこから己の性に翻弄される人生が始まった。舞踊家・外人相手の娼婦・妓生・ストリップダンサー・日本ヤクザの情婦、そしてマネーロンダリング界の凄腕《すごうで》と、常人の想像を絶する数奇な運命をたどったのである。

誰にも覚えがあるように、男であれ女であれ、自己の内に潜む性のデーモンの制御にはしばしば困難を伴う。一人に二つの性を担わせるというのは、神の悪戯《いたずら》にしては過酷すぎる八字《パルチヤ》（運命の意）という他あるまい。

第四章　愉快な士大夫たち

（一）大人《たいじん》の肖像①　清廉と寛容

「病気の数は千もあるが、健康はたった一つだ」とかいう。「幸福な家庭はどれも似かより、不幸な家庭はそれぞれに不幸である」といったのはトルストイだった（『アンナ・カレーニナ』）。ついでに、「浜の真砂は尽きるとも、世に盗人のタネは尽きまじ」とはご存知、石川五右衛門のセリフである（並木五瓶《なみきごへい》作『金門五三桐《きんもんごさんのきり》』）。因《ちな》みに、この作品で石川五右衛門は、秀吉の朝鮮出兵への復讐《ふくしゅう》として日本支配を企む、明《みん》の高官宋蘇卿《そうそけい》の遺児という設定）。

確かに、不幸や悪人はヴァラエティに富み、幸福や善人の類型は単純だ。それゆえ人は「悪徳の栄」や「美徳の不幸」には好奇心がかきたてられても、「善人の幸福」など退屈で仕方ないのだろう。とはいえ、悪ばかりに好奇の目を向け、善には知らぬフリというのも大人気ない。名にし負う儒教社会にとって人格者とはいかなるものだったのか？　朝鮮社会のありようを理解するためにも、モデルケースのいくつかを見ておこう。

――文貞公の柳寛《りゅうかん》は清廉で、位は人臣を極めながら粗末な茅屋《ぼうおく》に住み、質素な衣服に甘んじていた。公務のあいまには後進の教育に力を注ぎ、慕い来る者は誰であれ拒まない。公の家は興仁門（東大門）の外にあったが、城内の役所に出かける時は輿《こし》や馬を用いず、身軽な出《い》で立ちで杖《つえ》を片手に、小童をお供に悠々と詩を吟じながら歩む。人々はその雅量に感服したのだった。

ある時、長雨が続き、家の中は麻の如《ごと》く雨漏りがする。傘を手にした公が「傘のない家はどうするのだろうか？」と呟《つぶや》くと、夫人が答えた。「傘のないところには必ず備えがあるものですよ」。それを聞いた公は愉快げに笑うのだった（『筆苑《ひつえん》雑記』巻一）。

「私の家は外に雨が三つ降ると内には十降りまする……」というのは狂言「太子手鉾《たいしのてぼこ》」の太郎冠者のセリフだが（太子とは聖徳太子のこと。太子が戦った物部守屋《もののべのもりや》と漏屋《もりや》のシャレによるもの）、仮にも一国の大臣の家屋で傘をさすほど雨漏りがするというのは意外だ。

柳寛（一三四六～一四三三年）は朝鮮建国に功をたて、大司憲や右議政などいくつもの要職を歴任した。特に刑曹判書（判書は六曹の首職。正二品）の時（一三九八年）には、取り調べ時の安易な拷問をやめさせ、法を遵守するよう導いたことでも知られる（『海東名臣録』）。成《せい》俔《けん》も、冬なのに裸足《はだし》に草履で来客を出迎え、時には自ら鋤《すき》を手にして畑を耕した清貧ぶりを記している（『慵斎《ようさい》』巻四）。

「上に在りて驕《おご》らざれば、高くして危うからず」（『孝経』諸侯章第三）という。たとえ出世し、権門に名を連ねても、謙虚な姿勢を保ち続けることは浮沈絶え間ない朝鮮官界において有効な処世術であったはずだ。柳寛は高麗《こうらい》の政堂文学柳公権《りゅうこうけん》（一一三二〜九六年）の七代孫であることからもわかるように（因《ちな》みに、死六臣の一人、柳誠源も同じく文化柳氏の一族で、柳公権の十代孫に当たる）、この時期の賢臣は前朝から続く名門の出であることが多い。学識豊かなだけでなく、有能な政治家でもあり、新王朝成立の激変期を巧みに乗り切った智恵ものたちだったわけだが、次の黄喜《こうき》もその一人である。

——翼城公の黄喜は度量洪大で、細事に拘《こだわ》らない。年齢を重ねるほどに官位は高く、また謙虚だった。齢《よわい》九十を越え、部屋に端座すること終日にして無言。ただ、（視力を保つため）左右の目を交互に開けて読書に励んだ。ある時、庭の桃の実が熟すと、隣家の子どもらが先を争って取りに来た。公が穏やかに「みな摘み取るでない。わしも賞味したいからの」と諭したもののの、あとで見ると一つ残らず無くなっていた。夕餉《ゆうげ》時にはいつも子どもたちが集まり、食事にありつく。公はただ笑ってそれを見ているだけだった。宰相の職にあること二十年、開国以来最高の宰相と目されたのである（『慵斎』巻三）。

黄喜（一三六三〜一四五二年）も高麗末に科挙に及第。朝鮮王朝では太祖《たいそ》に任用されたのち、太宗《たいそう》・世宗《せそう》に重用され、一四四九年に致仕するまで二十年近く領議相（首相）の座を占めた朝野の人望篤《あつ》い名臣である。ただ単に巧みに政界を生き抜いただけでなく、素行不良の譲寧君《じようねいくん》（太宗の長子。世宗の兄）を廃嫡しようとする太宗に諫言《かんげん》したため、数年のあいだ流刑に処されるなど、気骨溢《あふ》れる人物でもあった。しかし、何といっても印象的なのはその大らかな人となりだろう。

――李石亨《りせききよう》が科挙に壮元及第（首席合格）し、黄喜のところに挨拶にやってきたので、『綱《こう》目通鑑《もくつがん》』（司馬光の『資治通鑑』を朱子の門下が綱と目に分類、再編した『資治通鑑綱目』のこと）を取り出し、その題目を書かせた。そこに酒肴《しゆこう》を運んできた下女が、李の作業が終わるのを待ち切れず、「何て遅いんだろうね」と声を荒げて文句を言ったが、公はその無礼を咎《とが》めもしない。それどころか、部屋にやってきた下女の子どもらが公の鬚《ひげ》を引っ張ったり、顔を叩《たた》いたりしても、公は「あ、痛た」と言うだけ。そのうち悪童たちは勝手に料理を食べてしまったのだった（『青坡《せいは》劇談』）。

ここに登場する李石亨（一四一五〜七七年）とは、進士・生員・文科の三つの科挙にいずれも首席で及第し、「連魁三榜《れんかいさんぼう》」と謳《うた》われた当代きっての大秀才である。良き人材を得たと喜んだ世宗は宮女に命じて「三壮元詞歌」を作らせ、宴《うたげ》のたびに歌わせたという（『海東名臣録』）。『慵斎』巻一でも、新羅《しらぎ》の崔致遠《さいちえん》から朝鮮初期までの文人を論じたなかに李石亨も取り上げられ、「延城（李のこと。一四七〇年に延城府院君に封じられた）は能《よ》く科挙の文を為《な》す」と評されている。その玄孫の月沙李廷亀《ていき》（一五六四〜一六三五年）も大提学（弘文館や芸文館の正二品）として知られ、また廷亀の子息の李明漢（一五九五〜一六四五年）は丙子胡乱《へいしこらん》（一六三六年。清の朝鮮侵攻）のあと、斥和派（抵抗派）の一人と目されて遼東《りょうとう》の瀋陽《しんよう》に抑留。人質になっていた昭顕世子《しょうけんせいし》や鳳林大君《ほうりんたいくん》（のちの孝宗《こうそう》）に付き従うなど、一族には朝廷に重きをなした逸材が輩出している。

因みに、李石亨は延安李氏の出身であり、その始祖である李茂は、唐の大軍を率いて百済《くだら》を攻め滅ぼした将軍蘇定方《そていほう》に従って朝鮮に渡り、そのまま定着した経歴をもつという（『萬姓大同譜』延安李氏）。先祖といい子孫といい、中国との複雑な関係こそは大陸国家朝鮮の証《あかし》といえよう。

また、李石亨の妻は鄭保《ていほ》（高麗に忠義を貫き、太宗一派に殺害された鄭夢周《ていぼうしゅう》の孫）の娘であり、また、鄭保の庶妹（妾腹《しょうふく》の妹）はかの権臣韓明澮《かんめいかい》の妾《めかけ》だった。鄭保は端宗《たんそう》の復位を図った成三問《せいさんもん》らが惨殺された死六臣事件（一四五六年）に憤り、韓明澮を「万古の罪人」だと批判したため窮地に陥るが、忠臣鄭夢周の末裔《まつえい》だということで辛うじて死刑だけは免れ、流刑地で亡くなっている。

それはさておき、「奴僕《ぬぼく》もまた天の民なり」が黄喜の口癖だったという（『青坡劇談』）。「人は長幼貴賤《きせん》となく、天の臣なり」とは博愛を標榜《ひょうぼう》した『墨子』（法儀）の、「予《われ》は天民の先覚者なり」（『孟子』万章篇《へん》）とは聖人の湯王に仕えた伊尹《いいん》の言葉だが、黄喜にもその気概が満ち溢《あふ》れていたのだろう。

とはいえ、書をしたためようと紙を広げたところ、その上に奴婢《ぬひ》の子どもが放尿したにもかかわらず、怒りもせずに黙って自らそれを拭き取ったというに至っては（『筆苑雑記』巻二）、寛容というには度が過ぎ、かえってうす気味悪いほどだ。黄喜関連の逸話をもう一つ。

――高麗末に地方官だった時、所用で松京（開城《ケソン》）に向かった黄喜はその途上、黄色と黒の二頭の牛を引く老人に出会った。「立派な牛だが、どちらがよく働くか」と尋ねたところ、老人は急に声を潜め、黄喜の耳元で「これこれです」と答える。怪訝《けげん》に思った黄喜がなぜ、牛が聞くのを恐れるのかと質《ただ》すと、老人は「お若くてご存じないようだが、獣には人語は通じずとも、ことの善悪は皆わかるのです。片方だけを誉《ほ》めては気を悪くするでしょう」。その言葉に深く感じ入った黄喜は、以後、生涯の教えとしたという。

故・尹学準《ユンハクジュン》氏はこの話を祖母から「昔話《イヤギ》」として聞いたそうだが（『朝鮮の詩心―時調の世界』）、文献上の初出は李塈《りがい》（一五二二～一六〇四年。高麗末・朝鮮初期の名儒として著名な李《り》穡《しょく》の後孫）の『松窩雑説《しょうかざつせつ》』のようだ。しかし、これは黄喜の生存時より百数十年もあとの記述でもあり、事実そのままとは考えにくい。旅人に牛の睾丸《こうがん》を持ち上げて時間を教えた農夫

（実は、向こうの教会の時計を見ていた）の西洋小話にも類似するようにも思え、或《あ》いは民間説話にもとづくものかもしれない。とはいえ、それほど黄喜が慕われた証左ともいえるだろう。「寿なれば則ち辱《は》ずかしめ多し」（長生きすると恥辱も多い）とは『荘子』（天地篇）の言葉だが、黄喜ほどの賢宰ならばこそ、不用意に恥辱を被ることなく、不倒翁として天寿を全うしえたに違いない。

（二）大人の肖像② 剛毅と実直

仁義礼智信孝悌《こうてい》忠公は儒教徳目の骨格であり、朝鮮士大夫はその人格化と生活化をめざした。文敬公の許稠《きょちゅう》（一三六九〜一四三九年）は、朝鮮建国直前の一三九〇年に文科及第。経史、なかでも礼制に造詣深く、礼曹中心に活躍した。

夜明けから日没まで続く精勤ぶりは恰《あたか》も苦行に励むようであり（『慵斎』巻二）、また父母の忌日ともなれば、幼い時、母が縫ってくれた子ども服を着し、涙を流しながら祭祀《さいし》を執り行ったという（『青坡劇談』）。『二十四孝』の一人である老萊子《ろうらいし》は、七十になっても五彩斑爛《はんらん》の衣服を着て児戯をなし、親が自らの老齢を感じないよう振る舞った故事で知られるが、親の死後もそれを実行するとは、さすが礼制の専門家だけのことはある。

許稠相関図

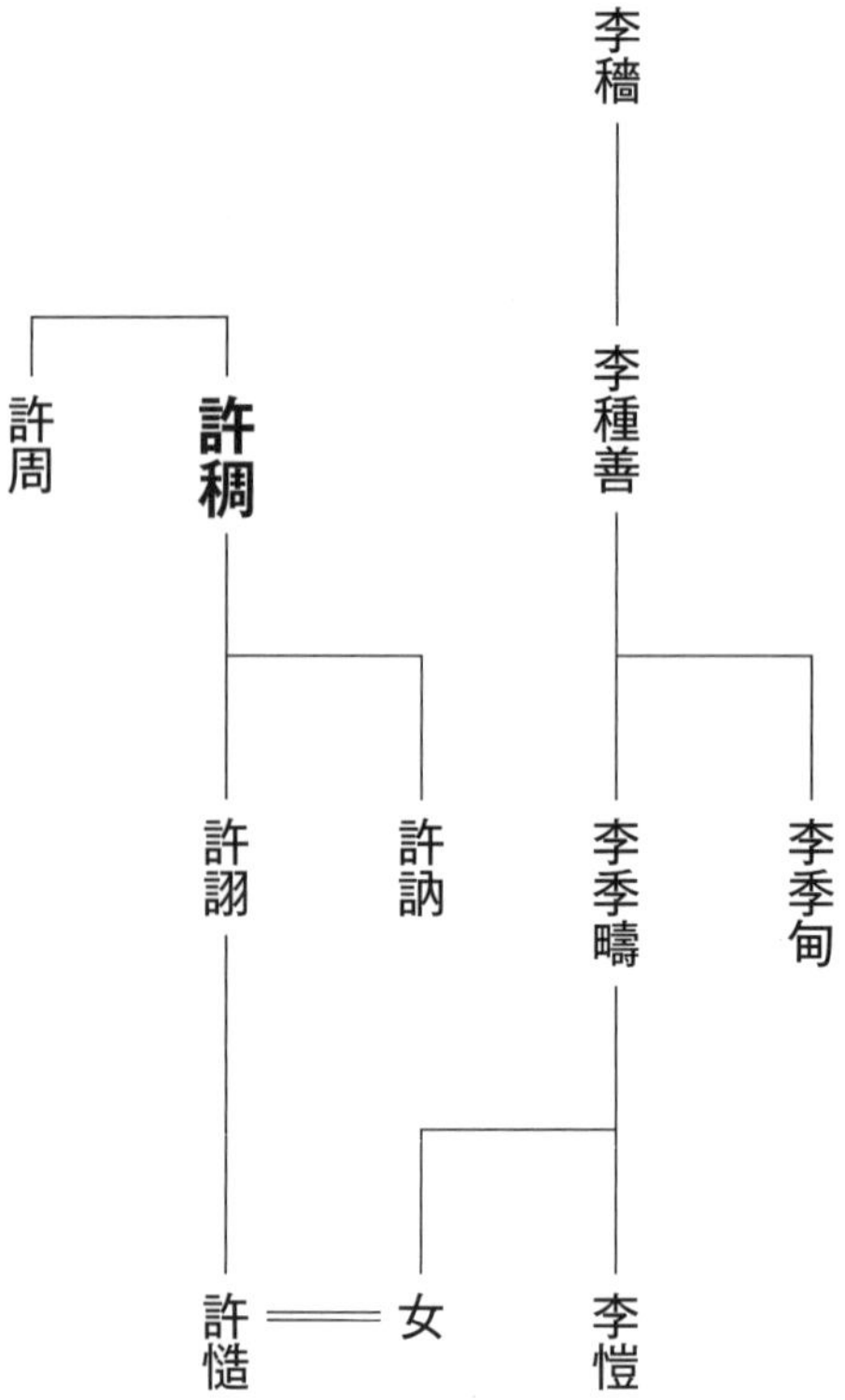

――ある時、日照りが続いた。すると、すでに高官となっていた次男の許訥《きよとつ》が「街中に厠《かわや》が多すぎ、その穢気《えげ》が天に昇って旱害《かんがい》をなしています。それゆえ、五軒に一つずつ厠を設けるようにすればよいでしょう」と提案した。すると、許稠は「妻を他家の厠に行かせるつもりか」と怒り、訥をムチ打って叱ったのだった（『慵斎』巻二）。

「七年にして、男女席を同じくせず、食を共にせず」（『礼記《らいき》』内則篇《だいそくへん》第十二）というからには、他人と厠を共用するなど論外なのだろう。とはいえ、あまりの謹厳実直ぶりに、許稠は「陰陽のこと（房事）」を知らないのではないか、との噂《うわさ》が流れた。すると、許稠は「それを知らずして、どうして許詡《きよく》・許訥らの子息を儲《もう》けられるのだ」と一笑に付したのだった。また、地方娼妓《しょうぎ》の存続が問題となった時、大臣のあいだでは廃止論が大勢を占めたにもかかわらず、大方の予想に反し、ひとり許稠だけが「男女は人の大欲であって禁ずべからず。もし娼妓を廃せば、年若いものたちは私家の娘に悪戯《いたずら》をし、あたら身を誤ることも起ころう」と異議を唱えたので、ついに廃止論は立ち消えになったという（『慵斎』巻九）。かくの如《ごと》く情理を兼ね備え、人情の機微に通じたればこそ、新国家朝鮮の機構整備をなし得たのである。

対馬出身の倭人《わじん》が三浦《サンポ》（倭人の居住地として認めた薺浦《チエポ》・釜山浦《プサンポ》・塩浦《ヨムポ》のこと）に定住を願い出た時、世宗はその恭順を嘉《よみ》して許そうとしたが、許稠は後日の患《わざわい》になることを憂い、泣いて諫言し、臨終に至るまで再三反対した。のちに果たして種々の問題が生じ、人々は改めてその先見の明に服したのだった（『慵斎』巻十）。

釜山をはじめとする三浦は貿易に従事する倭人が多数往来したため、世宗十八年（一四三六年）に恒居倭として定住を認められるが、制限数以上に倭人が増大したうえ、私貿易の弊害甚だしく、一四九四年に禁止令が出される。成俔の指摘はそれを指したものだろう。これに不満を抱いた倭人らは、対馬の宗氏の支援を受け（宗氏は二百艘《そう》もの軍船を送った）大規模な反乱が起こすが（一五一〇年）、朝廷軍により鎮圧された。許稠はそれを遥《はる》か以前に予見していたわけである。

許稠の兄の許周（一三五九～一四四〇年）も判書まで務めた高官だったが、家門の祭祀《さいし》においてはひとえに『朱子家礼』に従い、子弟に過誤あれば家廟《かびょう》に告げてから厳罰を下すのを常としたという。この許周がある時、病のため、自分の代わりに許稠に祭祀を執り行わせたところ、ほんの少しだけ従来のやり方を変えた。それを知った周は「支子（長男以外の子）が勝手に旧制を改めるのは宗子（嫡子）を無きものとするに等しい」と激しく怒り、二度と許稠と会おうとしないので、あわてた許稠は何日ものあいだ早朝から深夜まで兄の家の門前に座り続け、ようやく許しを得たのだった。これは任輔臣（?～一五五八年）の『丙辰丁巳録』が伝える逸話だが、許周の一徹さはその甥《おい》たちに受け継がれたようである。

許稠の長男である許詡（?～一四五三年）は、世祖《せいそ》簒奪《さんだつ》の時に殺された金瑞宗《きんずいそう》や皇甫仁《こうほじん》らの首が市にさらされるのに反対して世祖の怒りをかい、流刑に処されたのち、李季甸《りきでん》（李穡の孫、死六臣の一人として知られる李愷《りがい》の伯父）の企みによって絞首刑に処された（一四五三年）。また、その子の許慥《きょぞう》（?～一四五六年）も李愷の妹夫（義兄弟）だったことから端宗《たんそう》復位運動に加担し、ことが発覚したあと自刎《じふん》して果てている（許慥の妻子は逆賊の罪に連座し、奴婢に落とされたうえ、李季甸に下賜された。『世祖実録』二年丙子〔一四五六年〕九月七日甲戌《こうじゅつ》の条）。

ところで、朝鮮伝奇小説の嚆矢《こうし》である『金鰲新話《きんごうしんわ》』の著者である金時習《きんじしゅう》（一四三五～九三年）はこの世祖簒奪に反発して俗世間に背を向け、生涯を放浪のうちに過ごした奇人として夙《つと》に名高い。三歳にして漢詩を詠み、五歳にして『中庸』『大学』を学ぶ金時習の英才ぶりを聞きつけた或《あ》る老臣がやってきて、自分に因んで「老」の字を与えて漢詩を作らせたところ、即座に「老木花開くも心は老いず」の詩句を返した。それを見た大臣は「これぞ神童なり」と感嘆したという（『稗官雑記』巻一）。

かのモーツアルトも三歳にしてクラヴィアを弾き、五歳にして「ピアノのためのアンダンテ」を作曲したというから、天才とはそういうものかもしれないが、実は金時習に詩題を与えたこの老臣こそが他でもない許稠その人であった。のちに金時習のみならず、自分の子息や孫までが血なまぐさい政争の犠牲になろうとは、この時の許稠は夢にも思わなかったに違いない。

(三) 大人の肖像③ 原理主義、あるいは教条主義

変転極まりない現実世界で明哲保身を維持して生き抜くためには、許稠のように老獪《ろうかい》なほど理論と実践の調和に長《た》けた大人でなければならなかった。とはいえ、数多い士大夫たちがそのような大人ばかりではなかったことはいうまでもない。理論を忠実に実行せんとする原理主義者はしばしば教条主義者に陥りやすいのは世の常。例えば、清廉をもって知られた提学の南簡《なんかん》(生没年未詳。一四一九年に進士)は死に臨み、常日頃、剪《き》り取っておいた爪をみな棺《ひつぎ》に入れるよう命じたという(『慵斎』巻三)。

いうまでもなく、これは「身体髪膚は之を父母に受く、敢て毀傷せざるは、孝の始なり」(『孝経』開宗明義章第一)という孝道の実践だった。魏の曹操の武将夏侯惇《かこうとん》は敵の矢に目を射抜かれた時、眼球ごと矢を引き抜き「父母の血でできたこの目を捨ててなろうか」と叫ぶや、口の中に押し込み飲んでしまったというが(『三国志演義』第十八回)、それも身に染み付いた孝道の賜物だろう。かの宦官《かんがん》でさえ手術で除去した男性器を大切に保管し、冥土へ旅立つ時にはそれを携え、「五体満足」に戻ることを願ったという(三田村泰助『宦官』)。ただ、南簡の

場合、牛肉を食べないと決めたら誰が何と言おうと口にしないほど「膠固《こうこ》」だったというから（『慵斎』巻三）、礼法遵守というよりはむしろ頑迷固陋《ころう》に近いというべきかもしれない。

頑固といえば、次のような例もある。

——工曹（六曹の一つ。工匠・営繕・陶冶などに関する事務を司る）はヒマな役所で、上役たちは月に一、二度しか出仕しないのが通例だった。しかし、判書の魚孝瞻《ぎょこうせん》は毎日、辰《たつ》の刻（午前八時）に来ては酉《とり》の刻（午後六時）に帰る精勤ぶり。官員たちが不満をこぼしても、魚は「万一、不慮のことが出来《しゅったい》すれば何とする」と取り合わない。また、晴れの日でも必ず雨具を手放さないので、人がそれを笑うと、「天変は無常なり。いずくんぞ今日雨あるを知らん」と反駁《はんばく》するのだった（『慵斎』巻九）。

「蚤朝晏退《そうちょうあんたい》」なる言葉がある。「蚤《はや》く朝《まい》りて、晏《おそ》く退《まか》る」と訓読し、早朝から遅くまで政《まつりごと》に励む喩《たと》えで、『墨子』尚賢を出典とし、かの聖徳太子の『十七条憲法』第八にも用いられているが、まさにそれを地でいったわけだ。

魚孝瞻（一四〇五～七五年）は一四二九年に文科及第。礼曹参議や吏・戸・刑・工曹の参判などを歴任した。『礼記』に関する諸説をまとめた『礼記抄録』を編纂《へんさん》したように、礼学に通じた学者として知られるが、そのリゴリズムの発揮は日常の勤務だけに留《とど》まらない。

世宗二十六年（一四四四年）に朝廷で風水論議が起きた。都城を流れる気脈を損なわないため、景福宮の北側の通路を塞いで人の往来を制限し、また城内に仮山《かざん》（人工の山）を造って気脈を保ち、明堂水である開川《かいせん》（今の清渓川《チヨンゲチヨン》のこと）に汚物を捨てることを禁ぜよとの建言がなされたのである。それに対し、魚孝瞻は次のような根拠を挙げて、理路整然と反論した。

①　風水地理説は古代中国の堯舜禹《ぎようしゆんう》の三代以前になく、周公や孔子も述べず、漢代に至ってようやく登場したものである。唐の太宗は呂才《りよさい》に命じて地理書を検討させ、その妄言なることを明らかにした。宋代の司馬温公や程子《ていし》は「葬説」を著し、朱子も弟子の問いに答えて風水を批判している。また、長安・洛陽《らくよう》・建康・汴京《べんけい》などの中国の都の歴史を見ても、国の命運と風水とは関係のないことは明白だ。

②　気脈を保全するために道を塞げというが、そもそも宮城の建物の基礎はすでに地中深く入っている。しかるに、人の通行だけを問題視するのは皮膚の上だけを見るに等しい。また土を盛って仮山を造るのも肉を裂いて瘡《きず》を補おうとするようなものであり、どうして血脈を健やかに保てようか。気脈を通そうというなら、むしろ宮城を撤去せよと言わねばならないだろう。

③　明堂水に汚物を捨てるなというが、その主張は明《みん》の范越鳳《はんえつほう》が著した『洞林照瞻《どうりんしようたん》』「血気篇」「凶気篇」にもとづく。しかし、それらはともに葬地について述べたものであり、

国都の風水を論じたものではない。およそ人家の多い市街地で川の水が汚れるのは当然であり、山間のような清水を期待する方がおかしいのである。汚水は流れ去ってこそ、都内の清潔さが保たれるはずだ（『世宗実録』二十六年甲子〔一四四四年〕十二月二十一日丙寅《へいいん》の条）。

高麗の都開城からソウルへの遷都は候補地をめぐって二転三転し、十年にわたる激しい風水論議が戦わされたことはよく知られていよう。その後も王宮の周囲に松を植樹するなど（松には気脈を保つ力があるとされた。高麗の都である開城は松都とも呼ばれる）、さまざまな微調整が施されもした。ここでの風水論議もその一環なのである。

魚孝瞻の「論風水疎」は今風に言えば、四百字詰め原稿紙十枚ほどの小論だが、その内容は的確この上ない。魚はその半年前、寿陵《じゅりょう》（国王の生前に準備される王陵）の正穴《せいけつ》（明堂のポイント）問題が提議された時にも、王命によって風水書を検討したことがあり（同前。六月二十七日乙巳《いっし》の条）、もともとかなりの素養があったようだ。

興味深いのは国王の反応である。世宗は魚の上疎を「正直」であり、「感動した」と嘉納《かのう》しながら、河演《かえん》や鄭招・鄭麟趾《ていりんし》ら宰相の方がより深い造詣を有するとして、彼らに諮問することにしたのだった。彼らのさらに詳細を極めた「答申」は翌年に報告される（『世宗実録』二十七年乙丑《いっちゅう》（一四四五年）四月四日丁未の条）。その内容については割愛するが、この時期の朝鮮士大夫たちの風水理解は歴史・理論・実践の諸方面において尋常ならざるほど深い。それに親しんだものの目からすれば、昨今の薄っぺらな風水ブームなど地理でも風水でもなく、「塵《ちり》」か「浮薄《ふうす》い」程度ではないかと毒づきたくなるほどだ。

それはともかく、魚が引用した『洞林照瞻』は中国の范越鳳《はんえつほう》が著した風水書とされるが、著者・成立年代ともに不明な点が多い。明代の代表的な風水書『地理人子須知《じんししゅち》』（一五六四年刊行）の引用書目にも見えないことから偽書である可能性もあるものの、朝鮮の科挙では「命課学」の参考書目として採用されており、『経国大典』（礼典「取才」の条）や『王朝実録』でもしばしば登場している。

風水には少々思い入れがあり、寄り道が過ぎたようだ。話題を戻そう。魚孝瞻の厳格主義はこの「論風水疎」より、その私生活における実践によく反映されている。

――かつて魚孝瞻が風水について論じた時、世宗が鄭麟趾に問うた。「魚の主張は正当ではあるが、果たして自分の父母の葬儀にも風水を用いないのだろうか?」。そこで、鄭麟趾が答えた。「以前、咸安《ハマン》（慶尚南道）に赴いた時、魚が父親を家園のそばに埋葬するのを見ました。風水地理に惑溺していないのは確かでしょう」……（中略）。そののち、魚が亡くなると、子息の世謙や世恭らも葬地に拘《こだわ》ることなく、水辺に魚の墓を設けたのだった（『筆苑雑記』巻二）。

朝鮮後期の実学者たちも風水批判を展開したように、士大夫の合理的な思考と風水は相いれない面があるのは確かである。しかし、科挙で風水師を登用していた朝鮮で、根本的な排斥などできるはずもなく、またその必要もなかった。要は惑溺・盲信しなければよいだけであって、利用できるものは利用する、それが王朝の基本方針であったからである。それゆえ、魚孝瞻のような原理主義を表向きは論難できないにしても、全面的には受け入れないのも当然の帰結だろう。それを承知で主張し、また実生活において果敢に実行した魚孝瞻の「思想と生活の一致」ぶりが印象深い。

ところで、ここにも登場する魚の二人の子息について、『慵斎』は意外な横顔を伝える。

——魚世謙は膂力《りょりょく》人に優れ、弟の世恭や仲間を引き連れて巷《ちまた》を横行し、粗暴な振る舞いを恣《ほしいまま》にした。一行の中には名門の子弟もいたが、世謙の力を恐れ、誰もが唯々諾々と従うのみ。食べたければ奪って喰《く》らい、寝床が冷たいと先に人を寝かせ、暖めさせてから自分が寝るなどは序の口。甚だしくは、疥癬《かいせん》を病む者の瘡蓋《かさぶた》を剝ぎ、それをモチにくるんで他の者に食べさせた。皮を剝がれた者は痛さに泣き、モチを食わされた者は気持ち悪さに吐き出す。それを見た世謙は手を叩いて喜ぶのだった。その仕打ちに耐えかね、ある時、隙に乗じて数人で押さえ込もうとしたものの、結局はね返され、逃げ遅れた一人は散々になぶられたのである。

丙子（一四五六年）の春、世謙ら五人は科挙の準備に励んでいた。その一人だった兪造《ゆぞう》が五匹の蛇が部屋から天に昇ったのに、一匹だけが落ちてしまう夢を見た。それを聞いた世謙が怒った。

「何たる不吉なことを言うか。落ちたのは『我《ア》』だと言え」。兪がそれに従うと「魚《オ》が落ちたとはけしからん（朝鮮漢字音では我と魚の音は近い）、落ちたのは（兪）造だと言え」と迫るのだった。翌年、四人は及第し、やがて大臣にまで出世したが、兪造だけは長らく低迷し、後にやっと官を得たものの不遇なままだったという（『慵斎』巻六）。

何事にも厳格だった魚孝瞻にして、世謙のような悪童ありとは意外なものの、後には兄弟ともに高官として名をなし、成俔の同僚にもなった。その人格形成の振幅の大きさ、またそれを許す社会の寛容さこそはこの時代の「懐の深さ」であり、羨ましく思えなくもない。それがなければ、いかなるモラルや規範も、ただ徒に狭量で偏頗《へんぱ》な人間を量産する「管理社会」を招くだけに終わるからである。

ところで、本書でもしばしば引用する『稗官雑記』の著者魚叔権は、この魚世謙の庶孫（非嫡系の孫）にあたる。『稗官雑記』巻一には魚孝瞻の風水批判の記事は見えるものの、さすがに祖父世謙の悪童ぶりにはひと言の言及もない。

（四）貪欲と剛毅のあいだ――功臣という名の成り上がり

――奉石柱《ほうせきちゅう》（?～一四六五年）は驍勇《ぎょうゆう》で弓矢に長じ、また撃球《げききゅう》は当代一と称された。靖難《せいなん》功臣《こうしん》（国難に功を立てた臣下。ここでは世祖簒奪を指す）として正二品に封じられたものの、人となりは粗暴で貪欲この上ない。もっぱら殖貨に励むのみで、その手口とは次のようなものだった。

針を作る職工らに酒を振る舞い、作らせた針を下僕に持たせて地方に送り込む。そこで住民に針一本と鶏卵一個を与えておき、秋になれば卵から孵《かえ》ったニワトリを徴収するのである。もし、従わなければムチで打ち、散々痛めつけるのだった。また、釘《くぎ》を持たせて河川を遡り、杣《そま》人《びと》らが切り倒した木があれば、人知れず釘を打ち付けておく。やがて、その木が川に浮かべられ流れ下ってくると、目じるしの釘を証拠に自分のものだと言い張って無理やり取り上げるのだった。

夏には朝廷から主だった臣下に氷を賜下したが、下僕が足りず届けられないことも少なくなかった。そこで石柱は宮中に出向いて余った氷を受け取ると、それを市内で売りつけて利を得たのである。かつて全羅《チョルラ》道《ド》水使だった時には、軍卒を率いて勝手に島々を開墾し、荏子《えごま》や綿花を植えさせた。できた実はすべて船に積み込み、都の屋敷に溜《た》め込んだが、その多さは国庫と見まがうばかりだったという。

朝鮮王朝では乱臣として罰せられた者たちの妻妾《さいしょう》は、奴婢《ぬひ》として功臣に与えられるのが定めだったが、石柱は常に美人を求めて妾とし、日夜歓楽を恣にした。のちに石柱自身が叛逆《はんぎゃく》罪《ざい》に問われ、処刑されることとなった（『慵斎』巻五）。

撃球とはポロの一種で、西域伝来の馬上で行う球技のこと（騎馬しない歩撃球もあった）。中国では唐の穆宗《ぼくそう》（在位八二〇～二四年）の頃に盛んになったというが、朝鮮では『高麗史』の記録が初出とされる（九三七年）。モンゴル侵入のおり（一二三二年、江華島《カンファド》に遷都させたことでも知られる権臣の崔怡《さいい》も撃球好きで、隣家数百軒を強制撤去して巨大な撃球場を造っている。名儒の李穡は高麗末の朝鮮社会の風俗を題材にした「国俗詩」でも知られるが、その中に「観撃毬《かんげききゅう》」という作品があり、「……飛星螢々《けいけい》として毬《まり》は最も疾《はや》く、逐電翩々《へんぺん》として蹄《ひづめ》は決せんと欲す……」とその勇壮なさまを詠んでいる（『牧隠詩藁《ぼくいんしこう》』巻八）。また倡俳《わざおぎ》（道化のこと）の技を観《み》ながら楽奏を楽しんだことを詠んだ「毬庭閲楽」（同前、巻二十七）からは、撃球専用の競技場が設けられていたことがうかがえよう。朝鮮王朝でも武官のあいだで好まれ、科挙の実技でも弓術・騎槍《きそう》と並んで撃球が採用されている（世宗代から始められて成宗の時に定着し、『経典大国』巻四「兵典・試取」武科の条に規定がある。ただし、文弱に堕した朝鮮後期では廃止された）。

氷の下賜は古代中国に始まる。「伐氷《ばっぴょう》の家は牛羊を畜《か》わず」（『大学』伝十章）といわれるように（伐氷とは切り出した氷のこと）、暑い時期に祭祀《さいし》を行うのに供物や葬儀で遺体の腐敗を防ぐため、身分ある臣下には氷が下賜された。朝鮮では三国時代に蔵氷庫が設けられているし（『三国遺事』巻一「紀異第一第三」弩礼王、『三国史記』巻四「新羅《しらぎ》本紀四」智証麻立干《ちしょうまりつかん》）、日本にもこの習慣が入り、宮中の貴族たちが暑さしのぎに氷水を楽しんだことが『枕草子』や『源氏物語』（「常夏」の巻）などに見える。

そのためには冬季の結氷を夏まで保存する氷室《ひむろ》が必要となるが、ソウルには東西二ヶ所の氷庫が設けられ、東氷庫は国家祭祀用、西氷庫は王室や高位官僚らへの頒布用で、それとは別に宮中には食品の腐敗を防ぐための内氷庫が設けられた（現代ソウルにも東氷庫洞《トンビンゴドン》という地名が残存し、『慵斎』巻八でも氷庫への言及がある）。なお、氷の頒布については『経国大典』（礼典「頒氷」）に規定が見え、それによると王族や高位高官のみならず、活人署の病人や義禁府・典獄署の罪人らにも支給されることになっていた。

因みに、この西氷庫を舞台にした韓国映画がある。『猟奇的な彼女』（二〇〇一年）でチョン・ジヒョンとともにブレークし、『Sad Movie〈サッド・ムービー〉』（二〇〇五年）・『加速スキャンダル』（二〇〇八年）、最近では『神と共に』（二〇一八年）などで知られるチャ・テヒョン（車太鉉）が初めて時代劇に主演したことでも話題になった『風と共に去りぬ⁉』（二〇一二年）がそれだ。

頭脳明晰《めいせき》ながらも庶子という出自に阻まれ、雑学にウサを晴らす若き日の李徳懋《りとくぼう》（一七四一～九三年。のちに正祖《せいそ》によって奎章閣《けいしようかく》検書官に抜擢《ばつてき》され、実学派の一人として名を馳《は》せる。『青荘館全書』など多くの著作を残した）がふとしたことから氷庫をめぐる高位高官の陰謀に巻き込まれ、その悪事を暴くために爆薬作りの名人や変装の達人などの仲間を集め、奇想天外なプロジェクトを敢行するというもの。漢江《ハンガン》での氷の切り出しのために駆り出された人夫への苛斂《かれん》誅求や、氷の価格を巡る不正などの社会問題も描かれ、なかなかタメになる。日本でも公開されているので、是非ご覧あれ！（氷庫については、高東煥教授の「氷庫制度と氷庫の種類」や「氷契と臧氷都賈」など一連の論考を参照。いずれも『朝鮮時代ソウル都市史』所収）。

さて、成俔が記した奉石柱の悪事は事実だったようで、『王朝実録』にほぼ同じ内容の記録が見える（『世祖実録』十一年乙酉《いつゆう》〔一四六五年〕四月十九日乙未《いつび》の条）。それによれば、ニワトリや材木、島の不正開墾の他にも、活人院（民衆のための治療院）にワイロを送って取り入り、入手した死者の衣服を転売して儲《もう》けることさえしたという。あまつさえ、普段自分が食すのは一椀《わん》のみで、妻子に対しても米を計って与える始末。そのうえ、処刑を目前にしながらもなお財産の散逸を気にかけていたというから、そのケチくささも極った感がある。

武人仲間三人とともに叛逆罪で斬首されたあと、道行く人々は奉の晒《さら》し首《くび》に石を投げつけたと記録は述べる。先にも引用した『三国志演義』第九回でも悪名高い姦雄《かんゆう》の董卓《とうたく》は呂布《りょふ》に殺されたあと、臍《へそ》に火を灯《とも》され、道行く人は遺骸を足蹴にしたというが、悪事の大小深浅にかかわらず、民衆の憎悪を一身に負った者の末路は大同小異らしい。

政権樹立やクーデターで権力を奪取するためには有力な臣下の支持を必要とするのは古今東西変わらない。その論功行賞として、いかに人品賤《いや》しかろうとも高位高官が与えられ、その中から「成り上がり者」の本性を発揮する者が出てくるのは当然ではある。奉石柱が羽振りをきかしたのは、何よりも靖難功臣だったというキャリアの賜物だった。しかし、成り上がり者が皆このように根性さもしい小悪党ばかりだったとは限らない。

(五) 仁山洪允成《こういんせい》の光と影――権臣の傲慢と洒脱《しゃだつ》

――仁山洪允成は科挙に登第してまもなく、世祖靖難の功により権勢を恣にした。成した財は倉に満ち溢れ、地方から運び込まれる物資は引きもきらず、豪邸を建て、名士を集めては連日連夜の宴三昧。池に臨んだ堂には世祖自らが「傾海」と記した額が掛けられ、昼夜を分かたず宴が繰り広げられる。来客たちは洪の威勢を恐れ、勧められた酒は必ず飲み干すので、酔いつぶれる者が続出するありさま。このような栄華が二十年あまりも続いたのだった（『慵斎』巻二）。

洪允成（一四二五〜七五年）は若き日の首陽大君（第七代世祖）に見出《みいだ》され、数々の功勲をたてて領議政という高い官位にまで至り、仁山君に封ぜられたほどの権臣である。「飲食流るるが如《ごと》し」（『孟子』梁恵王《りょうけいおう》章句下）を地で行った洪允成もまた「成り上がり者」たることは明らかだろう。路上で象戯（朝鮮将棋）に興じる者に対し、「遊民が産業を事とせず、徒《いたずら》に時を費やすもの」と怒った洪が、将棋の駒のみならず犬の糞《くそ》まで喰らわせたという（同前。および『青坡劇談』にも類話がある）。

中国の三国時代、呉の韋弘嗣《いこうしよう》（？〜二七三年）に「博奕論《ばくえきろん》」（『文選《もんぜん》』三十二巻）なる文があり、碁などの博奕（遊戯賭博の類い）に惑溺して無為に過ごすことを「空《むな》しく日を妨げ、終《つい》に補益なし」と痛烈に批判しているが、或いは若き日の洪允成もこれを読み、出世に役立たぬことには目もくれず励んだ経験でもあったのだろうか。それにしても犬の糞とは傲慢の度が過ぎよう。七〇年代に青春時代を送った私のような者には、人に糞を食わせると聞くと、かの韓国・東一《トンイル》紡績労働争議で労組つぶしのために糞の入ったバケツを持ち込み、女性組合員に糞尿を浴びせかけた事件（一九七八年）を思い出すのだが、その起源はここにあった⁉　というのは無論、たちのよくない冗談である……。とはいえ、権臣であれ、組合弾圧であれ、その傍若無人ぶりのほどが知れようというものだ。

しかし、洪允成のほうは洒脱な面も持ち合わせていた。

――酒と友をこよなく愛する安栗甫《あんりつほ》には酔うと人の手を握る癖があった。礼曹の職につき、公事で洪允成の屋敷を訪ねたとき、洪は寵愛《ちょうあい》する佳児という女を酒席に侍《はべ》らせ安をもてなす。やがて酔いの回った安が女の手を執ろうとするので、驚いた女は逃げ出したが、なおもあとを追う安は庭に飛び出すと、そこで酔いつぶれて寝入ってしまい、おりから降り出した雨に衣服はびしょ濡《ぬ》れ。口暮れになってやっと目を覚ました安はすごすごと帰宅したものの、洪の怒りを恐れて謝罪に赴く。すると洪は案に相違して和やかに出迎え、改めて酒盃《しゅはい》を交わしたところ、飲みすぎた安はまた女の手を執ろうとする。それを見た洪は大笑いするのだった（『慵斎』巻九）。

酔客執羅衫　　酔客　羅衫《らさん》を執り
羅衫随手裂　　羅衫　手に随いて裂かる
不惜一羅衫　　惜しまず　一羅衫
但恐恩情絶　　但だ恐る　恩情の絶えんことを

と吟じるのは、伝説的な名妓黄真伊《ファンジニ》と双璧と称された、扶安《プアン》の名妓桂生（一五七三〜一六一〇年）の漢詩「贈酔客」だが、もとよりここに登場する佳児にそのような文才があろうはずもなく、安栗甫の失態は致命傷になるところだった。先の将棋の一件では、老境に達した洪がはじめて「老いの寂しさ」を紛らわす働きがあることを悟り、それからは棋僧（碁や将棋に長けた僧）を呼んで興じたという後日談があるので、この安との風流譚《ふうりゆうたん》も或いは晩年のことだったかもしれない。

「飽《あ》くまで食らいて日を終え、心を用うる所無きは難《かた》いかな。博奕《はくえき》なるもの有らずや。これを為《な》すは猶《な》お已《や》むに賢《まさ》れり」（『論語』陽貨篇）と説いたのは孔子だし、「老《お》いを送《おく》りて蹉跎《さた》たらず」と菅原道真《すがわらのみちざね》も詠《うた》っている（「囲碁」『菅家文草《かんけぶんそう》』巻五所収）。功なり名を遂げてもなお満たされぬもののあることを、洪允成も晩年に至ってようやく悟ったのだろう。

これらのように、洪は若き日より晩年に至るまで数々の逸話を残したことでも知られるが、それらは比較的史実に忠実な逸話や、そこから変容したフィクションに至るまで幅広い。それはまた、朝鮮初期の功臣のイメージの振幅の大きさを物語る好例でもあるのだが、それらについては割愛する（関心のある方は拙稿「朝鮮の説話―人物説話の時代」を参照されたい）。

第五章　成俔《せいけん》の家門と兄弟

（一）父系

――当今の門閥の盛んなること、広州李氏を最となす。その次はわが成氏に如《し》くはなし（中略）わが成氏は、昌寧《しょうねい》府院君（汝完）以後、漸《しだい》に大きくなった。府院君には三人の子があり、長子は石璘《せきりん》で左政丞昌寧府院君、次子は石瑢で留守をつとめ、その次がわが曾祖の礼曹判書公（石珚、のちに石因と改名）である。政丞の子の発道は左参賛で、留守の子の達生は判中枢、概は観察使となった。曾祖には三人の子があり、長子はわが祖（祖父揜《えん》）で知中枢、次の抑は右参賛、その次の扱は僉《せん》知中枢である。わが考《ちち》（念祖）には三人の兄弟があり、考は長子で知中枢、次（奉祖）は右議政昌城府院君、その次（順祖）は刑曹参判であった。わが兄弟は三人で、伯氏《ちょうけい》（成任《せいにん》）は左参賛、仲氏《じけい》（成侃《せいかん》）は正言となり、季《すえ》が不穀《わたし》である。

昌城（奉祖）の子は参議の慄《りつ》以後は振るわなかった。参判（順祖）には三人の子があり、長

成俔の系譜（父系）

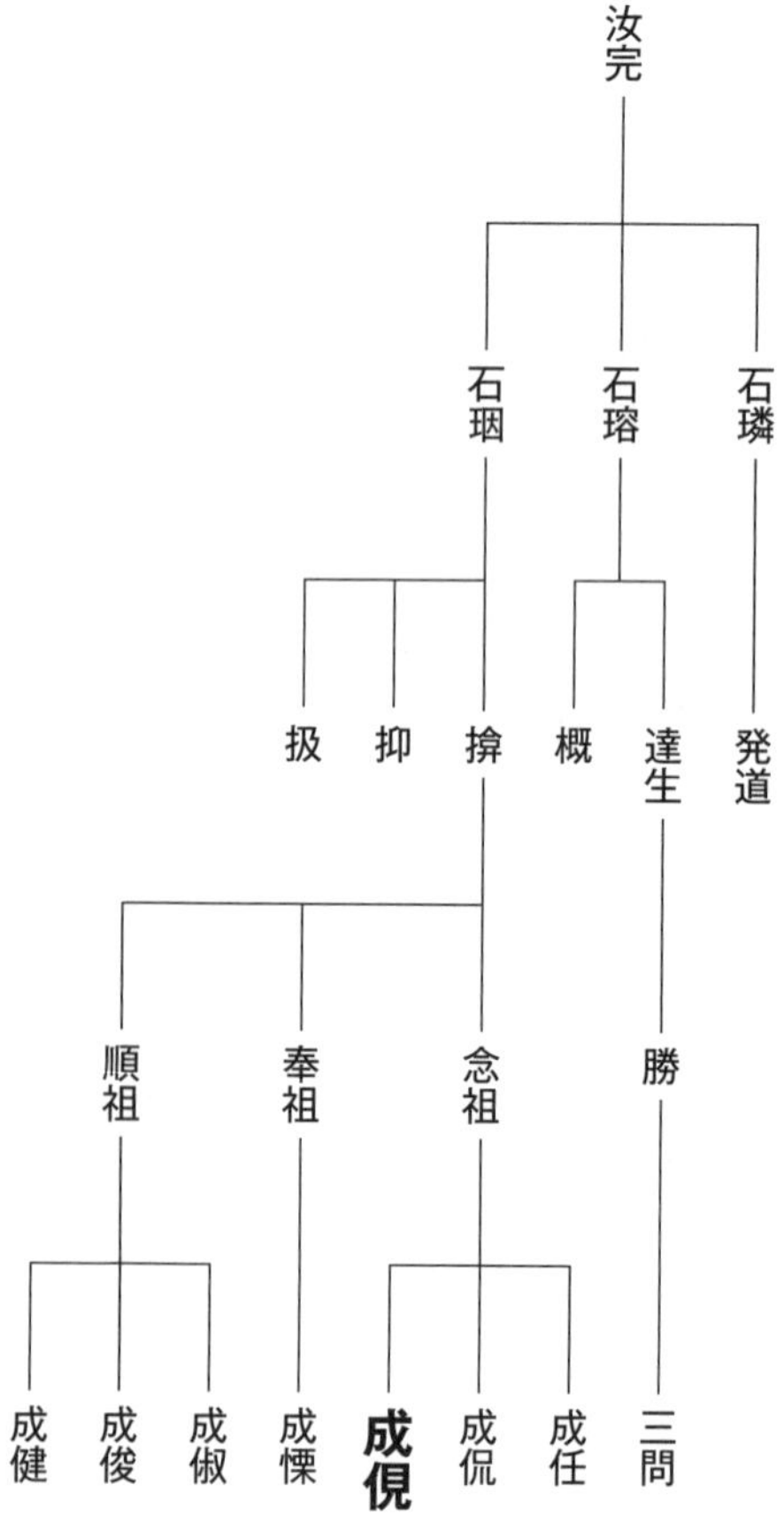

子の俶は同知中枢、次の俊は兵曹判書、その次の健は刑曹判書だった。不穀もまた礼曹判書となった。昆弟《きょうだい》の三人が一時に三曹の判書になったのは古今に罕《ま》れなことである（『慵斎《ようさい》』巻二）。

本人から四代祖まで遡るのは士大夫社会の通例である。ただし、通常は四祖とは父・祖父・曾祖・外祖（外祖父）を指す。『経国大典』巻三「礼典」に定めるように、戸口式（戸籍簿の記載様式）では戸主のみならず、妻の四祖まで記載することが求められ、また、科挙受験に際しても四祖（父・祖父・曾祖・外祖）の氏名と官職を記した四祖単子を登録しなければならなかった。庶人で四祖を知らない者はこの限りに非《あら》ずという附則があるものの、それは建前に過ぎなかったことは言うまでもない。しかも、官吏登用に際しては、司憲府と司諫院《しかんいん》が四祖内に賤系血統や贓吏《ぞうり》（汚職役人）がいないかを調査したうえで、署経《サイン》することになっていたのである。

昌寧府院君成汝完（一三〇九～九七年）について少しばかり補足しておこう。一三三六年文科に及第したあと、芸文春秋検閲を手はじめに、牧使を経て民部尚書《しょうしょ》まで昇進するが、辛旽《しんとん》（?～一三七一年。恭愍王《きょうびんおう》の側近として政治改革を断行するも守旧派の反発を招き、やがて王の信任を失うや、叛逆罪《はんぎゃくざい》を企んだとして誅《ちゅう》された）の誅殺事件に連座して流配に処せられる（『高麗史《こうらいし》』「列伝」巻四十五叛逆六「辛旽」の末尾に名が見える）。

その後、再び起用されて政堂文学商議まで至り（一三七八年）、昌寧府院君に封ぜられたものの、鄭夢周《ていぼうしゅう》が殺害されるや（一三九二年）、高麗の滅亡に殉じて田舎に隠遁《いんとん》したあとは、朝鮮王朝の懐柔策にも応じることなく出仕を拒み、節を守った。『太祖実録《たいそ》』（六年丁丑《ていちゅう》〔一三九七年〕一月二十二日乙亥《いつがい》の条）に簡単な卒記が見え、人柄は簡潔を好んで子弟の訓導に法度あり、文靖と諡号《しごう》されたとある。

なお、十九世紀はじめに編纂《へんさん》された『中京誌』巻七によれば（中京とは開城《ケソン》のこと）、成汝完の邸は鄭夢周が暗殺された善竹橋の東南にあったとし、夢周が難に遭ったのは汝完を訪れる直前のことであり、その後、汝完が移り住んだ田舎の邸は二百年のあいだ残っていたが、壬辰《じんしん》倭乱《わらん》で焼失してしまったという。成汝完と鄭夢周の絡みは興味深いものの、『慵斎』には鄭夢周の最後に言及しながら（巻三）、鄭が汝完を訪れる直前だったなどという記述はない。成俔が四代祖である汝完の逸話を知らなかったはずはないので、この『中京誌』の記述は後世のフィクションとすべきだろう。

一方、汝完の長男の成石璘（一三三八～一四二三年）について『慵斎』はいくつかの逸話を残している。

——都が漢陽《ハニャン》（ソウル）に遷《うつ》った時、わが曾祖父の桑谷公（石珚）とその兄の独谷公石璘がいまの郷校洞《ヒャンギョドン》（景福宮の東側。昌徳宮《しょうとくきゅう》のある地域）に居を構えた。ある日、桑谷公が南大門を出て行くこと五里ばかり、無人の地の向こうにある西山の麓に佳《よ》き地が見えたので、そこに新居を設けることにした。それを知った独谷公が「兄弟は隣りあって住むべきなのに、おまえはなにゆえ私を捨て、誰もおらぬような地に住むのか」と怒った。桑谷公は「いま人がいなくとも、やがては人家が立ち並びましょう。私は山林の美を愛《め》でたのであって、決して兄弟の情を薄《かろ》んじたわけではありません」と答え、結局そこに住みつくと、数千株もの栗の樹やさまざまな草花を植えた。いま都の邸宅で園林の優れているのは伯子《あにうえ》の邸（成俔の長兄成任の邸、つまり桑谷公の建てたもの）を甲《だいいち》とするのである（『慵斎』巻三）。

石珚（?～一四一四年）の生年は不明だが、次兄の石瑢（一三五二～一四〇三年）と長兄の石璘には十四歳の差があるので、末弟の石珚とはさらに開きがあることは確かだろう。王都とはいえ、遷都まもないソウルで、四大門を一歩出ればほぼ「無人之《の》境」に等しい地に移ろうとする弟を気遣う年上の兄の慎重さと、繁華の地に変貌する日の近いことを予想しつつ、住環境の整備に先手を打つ年少の末弟らしい奔放さの対比がよく表れている。

その成石璘にも若い頃、次のようなエピソードがあった。

――石璘の少時《わかいころ》、侍中の趙《ちょう》が座主を邀《むか》えて宴《うたげ》を催した。その時、独谷（石璘）が即座に賀詩（祝いの即興詩）を作って披露したところ、その見事な出来栄えに一座の人々はみな歎服《かんぷく》した。しかし、それを聞いた昌寧府院君（父の汝完）は、「士大夫が才を忌むことは嫉妬深い女より甚だしいというのに、おまえは先輩に譲りもせず、先んじて詩を作るとは。保身の術を思わぬのか」と叱りつけたのだった。当時は叔季（末世の意。ここでは高麗《こうらい》末期をさす）で、人の才能を妬んで害しあうことが多かったため、このように言ったのである（『慵斎』巻九）。

一三五九年、石璘が二十一歳の時、紅巾《こうきん》の賊が鴨緑江《おうりょくこう》を越え、西京（平壌《ピョンヤン》）を攻めて陥落させるほど（紅巾賊の第一次侵入）、高麗末期は内憂外患に翻弄されていた。その中で父の成汝完は衰えゆく高麗王朝に仕えながら、政権内部の矛盾や士大夫社会の醜態をイヤというほど目の当たりにしたはずだ。「女は美悪となく、宮に入りて妬《ねた》まれ、士は賢不肖《けんふしょう》となく、朝《ちょう》に入りて嫉《ねた》まる」（『史記』「魯仲連《ろちゅうれん》・鄒陽《すいよう》列伝」）という。まして、得意げに文才をひけらかす長子の振る舞いなど汝完にはこの上なく危うきことに見えたに違いない。長子を諌《いさ》め、「明哲保身の術」を説く姿からは薄氷を踏む思いだった、その半生が読み取れる気がする。

その「教育」の甲斐あってか、成石璘は巧みに激変する時代を生き抜いた。一三五七年に十九歳で文科及第し、順調な官界生活をはじめるが、辛旽に憎まれて左遷。その後復帰すると、一三八四年倭寇《わこう》の撃退に功をあげ、輸誠佐理功臣となった。しかし、上司の獄事に連座したため戌卒《じゅつそつ》（兵隊）に降下され、そこから再起して政堂文学や大司憲の要職に就く。この頃から李成桂《りせいけい》とともに恭譲王《きょうじょうおう》の擁立に加担し、さらに力をつけるが、朝鮮王朝建国直後には李穡《りしょく》のグループと目され、追放されてしまう。それから復帰するや、開城や漢城府事・平壌《ピョンヤン》府尹《ふいん》を経て、左政丞《させいじょう》まで昇進し、一四〇一年には佐命功臣三等に封じられたのだった。

一四〇〇年に第二次王子の乱と呼ばれる、太宗《たいそう》の兄である芳幹《ほうかん》のクーデター未遂事件が起き、その平定を経て太宗が即位するが、その論功行賞に石璘も与《あずか》ったということだ。因《ちな》みに、一四〇二年に太宗が下した「成石璘佐命功臣王旨」の実物が残っており、韓国宝物第四十六号に指定されている。

王朝の交代期なので当然といえばそれまでだが、この時期の士大夫の生涯を追うたび、浮沈盛衰・有為転変極まりない思いを禁じえない。それはまた『慵斎』のここ彼処《かしこ》で深い陰影を刻んでいる。

孟思誠《もうしせい》（一三六〇～一四三八年）といえば、第四章で紹介した許稠《きょちゅう》とともに権近門下に学び、清廉潔白で学徳ともに優れた朝鮮初期の名臣として知られる。その孟が大司憲の職にあった一四〇八年、武臣の睦仁海が反乱を企てたことが露見するが、その責を趙大臨に転嫁した。そこで、孟思誠が趙を捕らえて厳しく詮議したところ、太宗の怒りをかい、逆に自分が獄に囚《とら》われの身となってしまう。なぜなら、趙大臨は太宗の二女慶貞公主の婿であるにもかかわらず、太宗に打診もせずに罪人扱いしたからである。結局、趙は容疑不十分で釈放されるが、太宗の怒りは収まらず、孟思誠らは処刑されることになる。それを助けたのが成石璘であった。

――時に独谷（石璘）は左政丞だったが、病をおして宮中に赴き、強く太宗に諫言《かんげん》したので、ようやくその怒りもとけ、孟は許されたのだった。（これに先立ち）孟が若い頃、祭事のため昭格殿（星醮《せいしょう》など、道教祭儀を行う神殿）に籠もった時のこと、仮寝のあいだに夢を見た。召使いが「（北斗）七星が来られます」というので庭に出て迎えると、六人が先に入り、最後の七人目が成石璘だったのである。孟が罪を得て処刑寸前であったのを石璘に救われたことから孟が石璘を敬うこと父母に対する如《ごと》くであり、石璘の死後もその祀堂《しどう》の前を通る時は、たとえ雨雪の日でも孟は必ず下馬するのだった（『慵斎』巻三）。

趙大臨の一件は史実であるものの、あとの北斗七星譚《たん》は多分に「先祖顕彰」のための創作説話くさい。それはともあれ、たとえ若くして科挙に及第し、順調にキャリアを積んだとしても、いつどこでいかなる陥穽《かんせい》が待ち受けているか知れぬのが士大夫の浮生《ライフ》というものであった。「行路難、水に在《あ》らず、山に在らず。只《た》だ人情反覆の間に在り」と人の世の生きにくさを嘆じたのは白楽天であり（「太行路」）、「山に登るも怒虎の髭《ひげ》を臨むなかれ。海を踏むも眠龍の珠を採るなかれ。人間寸歩すれば千里阻む……行路難し、歌まさに悲し……」（「行路難」『東文選《とうもんぜん》』巻六）と詠《うた》ったのは高麗の李仁老《りじんろう》（一一五二〜一二二〇年）だった。

後者は武人の乱（一一七〇年）により国王さえ傀儡《くぐつ》と化した、危うきこと累卵の如き官界を生き抜く困難さを嘆いた一節だが、それは朝鮮王朝でも変わらず、終わりなき日常を生き抜く知恵は家門の内で儒学の基本教養と同じく、「家学」のように受け継がれたはずである。

（二）母系──姻戚のネットワーク

「家学」は父系のみとは限らない。先に男帰女家について述べたように祖母や母および妻方の姻戚の重要性は格別であり、そのネットワーク力は決して侮れないからである。

光山君金若恒（?～一三九七年）は高麗末期に出仕。王朝が変わっても成均館《せいきんかん》大司成の職にあったが、一三九六年、「表箋不恭問題」が起きる。これは朝鮮から中国の明《みん》に出した表辞の文言に不敬の言ありとして皇帝の怒りをかったもので、その弁明のため金若恒は政堂文学の鄭《てい》摠《そう》らとともに中国に赴き、懸命に事態の収拾を図るが、結局、抑留されてしまう。その後、一旦は解き放たれるも別件で再び囚われの身となり、遂《つい》に帰国できぬまま異国の地に果てたのだった。『慵斎』はこの悲劇にまつわる次のような後日譚を記している。

──のちに皇帝の怒りが解け、金若恒の家門に遺骸の収拾を許したが、遂に見つけることができなかった。この時、一人の年老いた婢女《ひじょ》がいて、一門の者という名目で南京まで行き、河口にたどり着く。両岸には重楼高閣が立ち並び、華やかな衣装をまとった美人が集っていた（中略）。婢女は無知蒙昧《もうまい》だったため地名すら知らなかったが、今にして思えばそれは揚子江《ようすこう》だったと思われる（『慵斎』巻三）。

成俔の系譜（母系）

安珦（裕）――于器――牧――元崇――瑗――従約――玖――知帰――瑚琛

従約＝鄭良生の女
　｜
　女＝成念祖
　　｜
　　成俔

成俔がなにゆえにこの逸話を書いたかといえば、彼の父方の祖母こそは光山君金若恒の娘だったからである。そして、金若恒の横死は第二の悲劇を生むこととなった。子息の金處《きんしょ》が父の死に心を痛めたあげく、精神に異常をきたしてしまったのである。常にうすらボンヤリとし、女子どもに欺かれても気づかない。また、一人の下僕を畏れ、どのようなことでも指図されるまま。日中は寝てばかりで、たまに目醒《めざ》めれば「関東別曲」（一三三〇年に安軸が関東地方の絶景を詠った景畿体歌《けいきたいか》。景畿体歌とは、韻を踏み漢字語を多用した数章からなる古歌謡の一種）を唱い踊り、舞い終われば声を上げて哭《な》く。ある日、ひとり山に入った金處はそこで出会った行き倒れの病人を憐《あわ》れみ、水を飲ませてやったが、病気をうつされ死んでしまったのだった（同前）。

　繊細なるがゆえに悲嘆に耐え得ず精神を病み、心優しきがゆえに見ず知らずの疫病《えやみ》を助けたあげくに感染して病死する。いかに心根がよかろうとも、いつ襲いかかるとも知れぬ過酷な運命に耐え抜く強さを伴わなければ、士大夫としての生を全うすることは難しい。祖母の実父と兄弟の悲劇を聞きながら、そのことを幼かった成俔は胸深く刻んだはずである。

　次に、成俔の母である順興安氏に目を転じよう。

　――わが外家安氏、すなわち文成公（安珦《あんきよう》、初名は安裕《あんゆう》）の後なり。契丹《きつたん》の（侵攻）後、学校は蕪廃《あれは》て文教は地に墜《お》つ。文成公は学校を修して銭を施俸《せぶ》し、奴婢《ぬひ》百余口を納めた。今に至るも成均館の使うところは皆、文成公の蔵獲（奴婢）なり。公は功を以《もっ》て文廟《ぶんびょう》に配せられた。公は于器《うき》を生み、于器は牧を生み、牧は元崇を生み、元崇は瑗《えん》を生み、瑗はわが外祖（従約）を生み、外祖は玖《きゅう》を生み、玖は知帰を生み、知帰は瑚琛《こちん》を生んだ。今に至るも長子は相《あ》い承《つ》いで登第しており、人は文成の（陰）助だとするのである（『慵斎』巻三）。

文成公安珦（一二四三〜一三〇六年）は朝鮮朱子学の基《もとい》を築いた傑物として名高い。一二六〇年、弱冠十七歳で文科及第するほど夙成《しゅくせい》だった安珦は諸官を歴任し、一二八九年には儒学提学となり、忠烈王《ちゅうれつおう》に随《したが》って元に赴く。この時『朱子全書』を筆写して翌年持ち帰るのだが、これが本格的な朝鮮朱子学の起源とされる（ただし、これには異論あり）。

ところで、ここに登場する忠烈王（在位一二七五〜一三〇八年）は高麗の王子でありながら幼少より元で養育され、一二七二年には弁髪《べんぱつ》に胡服《こふく》という完全なモンゴリアンスタイルで帰国したことで知られる。また、元の世祖フビライの娘である安平公主（のちに斉国大長公主）を娶《めと》るが、もとより政略結婚であり、夫婦仲は琴瑟《きんしつ》相和すとはいかなかったようだ。

――公主がはじめて宮廷に迎えられた時、高麗の臣下に朱悦という重臣がいた。忠誠篤《あつ》い清廉な人物だったが、鼻がミカンのように大きく醜かった。それを見た公主が揶揄《やゆ》するので、忠烈王は「たとえ容貌は醜くとも、心は水のように清いのだ」と諭すと、公主は己の非を悟って態度を改めたのだった。

これは李斉賢《りせいけん》（一二七八〜一三六七年）の『櫟翁稗説《れきおうはいせつ》』の伝えるもので、これだけ読めば遥《はる》かな異国に降嫁した、誇り高い公主と若い国王の逸話として微笑《ほほえ》ましくなくもない。しかし、実際は婚儀の前から波乱が予想されていた。なぜなら、忠烈王にはすでに国もとに正妃や側室がおり、子までなしていたからである。

宗主国の力を背景に正妃の座を占めた安平公主は前妃を監禁したり、目障りな王族を叛逆罪に陥れて失脚させるなど、恣《ほしいまま》にふるまう。当然ながら忠烈王とは疎遠になるばかりで、王は狩猟や愛妾《あいしょう》にうつつをぬかす日々が続いた。自分を一顧だにしない王を恨みながら、公主は三十八歳の若さで亡くなるが（一二九七年）、母の「憤死」に怒った子息（のちの忠宣王《ちゅうせんおう》）が実権を握るや、父の愛妾やその取り巻きを殺してしまう。このことが原因で、父子のあいだに熾烈《しれつ》な王位争いが起きたのだった（一二九八年一月に忠宣王が即位するも、同年八月に忠烈王が再び王位につき、その後一三〇七年に忠宣王が国政を掌握し、翌年即位する）。

もっとも忠宣王自身も娶ったモンゴルの公主とは不仲だったようだ。父子のあいだで政変劇が起きる前、安珦は忠宣王に従って中国に赴いていたが、突然、皇帝から呼び出しを受ける。何事かと安珦が出向けば、元の丞相から「汝《なんじ》の王（忠宣王）は何ゆえ公主を近づけぬのか」と二人の不和を詰問されたのだった。そこで、安珦が「閨闥《けいたつ》の間は固《もと》より外臣の知るところに非ず（王の夫婦間《プライベート》は大臣たるものの関与することではない）」と答え、それを聞いた皇帝は「この人、大体を知る（大臣の見識あるもの）と謂《い》うべき」と感心したという（『高麗史節要』巻二十二、忠烈王二十四年［一二九八年］辛未《しんび》の条）。

　ところでこの忠宣王、父との激しい確執を経たはずなのに、政権を掌握するや急速に政《まつりごと》への意欲を失い、政務を他の王族に代行させたあげくに一三一三年には子息の江陵《こうりょう》大君（忠粛《ちゅうしゅく》王《おう》）に譲位してしまう。その後は一時帰国した以外は元に留《とど》まり続け、本国から益斎李斉賢を呼び寄せると、数多くの書籍を収集した万巻堂を設け、姚燧《ようすい》や趙孟頫《ちょうもうふ》・元明善といった名だたる元の儒者らとの交流を楽しんだのである。一三二〇年には元の宦官《かんがん》の陰謀に陥り、西蔵（今のチベット）に流配されるが、三年後に許されて元に戻り、その二年後に亡くなった。何とも波乱万丈の生涯だが、成俔は忠宣王にまつわる次のような哀話を記している。

　――忠宣王は久しく元に留まり、寵愛する女がいた。帰国することになったが、女があとを追おうとするので、王は一朶《だ》の蓮《はす》の花を手折って贈り、別れとした。けれども王は眷恋《こいしさ》に勝《た》え切れず、益斎（李斉賢）をつかわして女の様子を見に行かせた。益斎が往《い》ってみると、女は食事を絶つこと数日、すでに口もきけないありさまだったが、強いて筆を操《と》り一絶《いっぺんのし》を書いた。

贈送蓮花片　　贈送《おくら》れし蓮花片《はすのはな》
初来的的紅　　初め来たりし時は的的《あざやか》に紅なるも

辞枝今幾日　枝を辞して　いま幾日《いくにち》
憔悴與人同　憔悴《しょうすい》すること人に同じ

ところが、益斎は戻ると「女は酒家で年少《わかもの》と酒を飲み、私の言葉には耳を貸そうともしませんでした」と述べたのである。それを聞いた王は大懊《うらみいか》り、地に唾するのだった。翌年の慶寿節のおり、益斎はやにわに庭下に退き伏すや死罪を乞う。王がそのわけを問うと、益斎は女が書いた詩を見せ、事実を知らせたのだった。王は涙を垂《なが》し、「当日《あのとき》、もしその詩を見たなら、死力を竭《つく》して還往《もど》ったであろう。卿《そなた》は我を愛《お》しむがゆえに変言《あざむい》たもの。真に忠というべきなり」と答えたのだった（『慵斎』巻三）。

蓮の花を国花とするベトナムを舞台にした映画『季節の中で』（トニー・ブイ監督、一九九九年）では、蓮の花売りが印象的で、その美しさを再認識させられたが、きっと忠宣王が愛したのも朝露に濡《ぬ》れた蓮花の如く可憐《かれん》な女性だったのだろう。花といえば、口承説話の世界では忠宣王は鳳仙花《ほうせんか》にも縁がある。

――モンゴル人の公主を疎んじたのを咎《とが》められ、王位を追われ元に抑留されていた忠宣王はある日、少女の夢を見る。その少女は王を慰めるため伽耶琴《かやきん》を弾いていたが、指から血を流していた。夢から醒めた王が不思議に思い、そば近く仕える女官らを調べてみると、一人の少女が指を布でくるんでおり、質《ただ》せば鳳仙花で爪を染めるためだという。異国にあっても故郷の風習を忘れない少女を王は嘉《よみ》し、彼女が奏でる伽耶琴に耳を傾ければ夢で聞いたものと同じだった。その後、王は元の皇帝を助けた功により、帰国が許されると再び王位にのぼり、少女を呼び戻そうとしたが、すでに亡くなっていたのである。

韓国では今も夏の終わりに鳳仙花で爪を染める風習が残り（初雪の頃までそれが残れば思いが成就するという）、哀切な曲調と歌詞で知られる「鳳仙花」は加藤登紀子による歌でも知られるが、朝鮮独自のものではない。例えば、「牡丹燈籠《ぼたんどうろう》」のネタ本として知られる明代の伝記小説『剪燈《せんとう》新話』巻二の「渭塘《いとう》奇遇記」には「……纖纖たる紅　指甲を染めんと欲し、金盆夜に搗《つ》く鳳仙花」と詠うように中国でも広く流布し、また江戸時代の日本でも「爪紅《つまくれない》」の名で広まっていたからである。それはさておき、この時期の高麗におけるモンゴルは、のちの朝鮮王朝と明・清《しん》関係とも違って独特の位相を有するが、このような大陸国家の複雑さは我々のような島国の民には最も理解しがたいものかもしれない。

話を安珦に戻そう。「契丹の後、学校は蕪廃て文教は地に墜つ」とある契丹との軋轢《あつれき》は古く高句麗《こうくり》にまで遡るが、本格化したのは高麗時代からである。九二六年に契丹の耶律阿保機《やりつあぼき》が渤《ぼっ》海《かい》を滅亡させて、その後国号を遼とし、多くの渤海人が高麗に亡命したあと両国は緊張関係に入る。九四二年に契丹が使臣や駱駝《らくだ》を贈って国交を求めた時も、高麗の太祖王建《おうけん》は三十名の使臣を島に流配し、五十頭の駱駝は万夫橋の下に放置して餓死させたという。それは渤海が高句麗の遺民と靺鞨族《まつかつぞく》によって建てられた国であり、王建自ら「親戚の国」と呼ぶほど親近感を寄せていたからだった（『高麗史節要』巻一、太祖神聖大王二十五年の条）。

その後、契丹は九九三年、一〇〇九年、一〇一七年の三度にわたって高麗に侵攻し、大きな被害を与える。特に国王の穆宗《ぼくそう》（第七代。在位九九七〜一〇〇九年）が権臣によって弑殺《しいさつ》され、顕宗《けんそう》（在位一〇一〇〜三一年）が推戴された政変を突き、四〇万の兵を率いて攻め込んできた第二次契丹侵攻（一〇一〇年）では首都の開城《ケソン》まで襲われ、壊滅的な被害を被った。成俔のいう「契丹の後、学校は蕪廃て……」とはこれを指すものだろう。

因みに、ロシア語で中国を意味するキタイ〈Китай〉とは契丹が語源であり、今日のキャセイ〈Cathay〉航空もこれによるネーミングだとか。縁遠い異国への誤解はいつの時代にもあるが、夥《おびただ》しい流血とともに契丹なるものを脳裏に刻んだ朝鮮では無論、そのようなことは起こるべくもない。

また、安珦の時代には文永・弘安の役（一二七四年、一二八一年）と呼ばれる元寇《げんこう》があり、モンゴルの日本派兵に否応なく従わせられた高麗の国家疲弊を招いたことは周知のとおり。このような状況下において、一三〇四年に安珦は朱子学による国家綱紀の再建をめざすべく、贍《せん》学銭《がくせん》を提唱した。これは国学で学ぶ学生への奨学基金で、文武の官吏（六品以上）がその位階に応じ銀や布を収めたものである。この提案は国王に嘉せられ、国からも支援を受けたが、安珦自身も金銭のみならず、己の所有する奴婢《ぬひ》までも寄進したのだった。これ以降、有力な臣下による儒学振興のための政策建議が受け継がれる。

――成均館は教訓を専掌するところで、国家は養賢庫を設けて館官を兼任させ、常に二百人の儒生を養う。上党府院君韓明澮《かんめいかい》は（国王に）啓上して尊経閣を建て、多くの経籍を印刷してそこに蔵《おさ》めた。広川君李克増は啓上して典祀《てんし》庁を構て《た》、余《わたし》（成俔）もまた啓上し、享官庁を建てたのである……（『慵斎』巻二）。

尊経閣とは儒教経典を収めた書庫のこと。典祀庁は国家祭祀や贈諱関係を司《つかさど》る役所、享官庁は文廟における儀式の際、従事者が心身を清めるための建物だが、成俔が享官庁の設立を上奏したことは、『成宗実録《せいそう》』二十一年庚戌《こうじゅつ》（一四九〇年）、二月八日庚寅《こういん》の条に見える。この享官庁はのちに壬辰倭乱で消失するが、十七世紀に重建され、今もソウルの成均館大学構内にある（ただし、現存の建物は解放後にもとの一部が再建されたもの）。成俔は前年の一四八九年六月に成均館大司成に就任しているので、職務からいえば当然の提言とはいえ、誇るべき先達であり、しかも姻戚である安珦を意識していたはずだろう。

姻戚が重要なのは文教世界だけではない。その経済力にも依拠する必要があるからだ。どれほど名だたる名儒を排出したとしても、経済的に困窮すれば忽ち《たちま》科挙どころではなくなる。そこで、経済的な基盤確立に腐心することになるが、順興安氏の場合、安珦の孫である安牧（?～一三六〇年）がそれに成功した。

――坡州《はしゅう》の西郊は荒廃として無人の地であったが、政堂の牧が始めて開墾し、広く田畝《でんばた》を作り、大いに第《やしき》を構えて居した。（中略）その孫の瑗に至って極盛となり、内外に占める田は無慮数万頃《けい》（頃は土地面積の単位で、一頃＝百畝《せ》、約一万平方メートル）、奴婢の（家は）百余戸……、今に至るも余土を分占して居する者は百人ばかりだが、みなその子孫なのである（『慵斎』巻三）。

士大夫階層が地方で農士経営により勢力拡大するさまがまざまざと目に見えるような一節だが、この安瑗（一三四六～一四一一年）の孫女《まごむすめ》と成俔の父である念祖が結ばれたわけである。

この安瑗には次のような逸話が伝えられる。

――留後の安瑗は若い時から鷹《たか》と犬を好み、妻の実家にいる時も（男帰女家であろう）、左手に鷹を乗せて右手で書物を読むありさま。丈人（義父）が「書を読むなら鷹を廃するか、鷹を好むなら書を廃すべきだ」と意見しても聞き入れず、老いるまでそれを楽しみとした。（中略）倭寇が昇天府（京畿道《キョンギド》、豊徳郡）を襲ったとき、読書していた公に下僕が危急を告げたが、「しばらく弓矢を稽古するゆえ、あわてるでない」というだけだった。そうこうするうち、倭寇は引き上げたのである（同前）。

安瑗の悠揚迫らざる人柄も、代々の治産努力の結果生まれた経済的余裕の然《しか》らしめるところだったかもしれない（因みに、成俔の伯父の奉祖は昇天府のある豊徳郡の郡守をつとめている。『東国輿地《よち》勝覧』巻十三豊徳）。

このように母方から受け継いだ逸話は他にも少なくないが、それについては後述することにして、次に成俔の兄弟関係について見ていくことにしよう。

（三）兄——成任

成俔の長兄である成任（一四二一～八四年）は世祖《せいそ》・成宗《せいそう》代に活躍した文官である。一四三八年、十七歳で司馬試に合格。一四四七年には式年文科に及第し、兵曹佐郎や吏曹正郎を経て芸文閣に遷《うつ》った一四五七年には文科重試に及第。一四四六年にはついに抜英試《ばつえいし》に壮元及第する。その後も都承旨や吏曹参判・全羅道《チヨルラド》観察使などを歴任し、知中枢府事にまで至った。

傍目《はため》には順調に栄達を成し遂げたように思えるが、それでも本人には不満があったようだ。——癸酉《きゆう》（一四五三年）の冬、伯子《あにうえ》（成任）は兵曹佐郎として毎夜（宮中に）入直していた。十月十日、議政の河演《かえん》の柩《ひつぎ》が発引（埋葬のため出立すること）するので、皆は門外にある伯子の家に集まった。その時、正郎の権愷《ごんがい》が、「自分は年老いて早起きが辛《つら》いので入直したい」といって宮中に入った。ところが、この夜に靖難《せいなん》（世祖による政権簒奪《さんだつ》）が起きたので、権は勲功をあげたものの、伯子はかなわなかったのである。

戊子《ぼし》（一四六八年）の冬、伯子は吏曹判書となり、都承旨の権瑊とともに檜巌寺《ひがんじ》（ソウル北方にある寺院）にいて、世祖の七七斎（四十九日の法事）にあたっていた。その夜、乱が起きたため（南怡《なんい》らの叛逆事件）、二人は都の東門に向かったものの、閉まっていて入れない。そこで伯子は南山下の城外を迂回《うかい》して先に家に戻ったが、その直後に門が開いたので権は功をたてて佐翼功臣となり、伯子は選から外れてしまった。

また、己丑《きちゆう》（一四六九年）の冬、伯子は都捴官として十日のあいだ（睿宗《えいそう》の）葬儀にあたらねばならず、そのため他の宰枢で兵権を有するものらは皆（成宗の）佐理功臣となれたのに、伯子はまたもかなわなかった。三度の機会をみな逸したのは運命というものだろう（『慵斎』巻十）。

予想もできぬ政変の際に、たまたまどこにいたかという偶然だけで勲功が決まるのでは不運を嘆きたくなるのも当然だろう。士大夫世界の出世競争も賽《さい》の目《め》の如く天の気まぐれに左右されたということだが、とはいえ、これから見ていくように、成俔の一門は文才をはじめ、優れた天分をもって朝野に名を馳《は》せたのであり、「義を貫き、節に死す」といった烈士・壮士的な気質からは程遠いのであってみれば、成任のような「不運」も或《あ》いは天の絶妙なる差配であったかもしれない。

ところで、父の成念祖（一三九八～一四五〇年）も十六歳で進士となった俊才で、吏曹正郎や都承旨・慶尚道《キヨンサンド》観察使・判漢城府事をへて知中枢院事に至るが、成俔が十二歳の時に亡くなったため、幼い弟の教育は長兄の成任が引き継いだ。亡き父のために坡州で廬墓《ろぼ》（墓所近くで喪に服すこと）していた成俔は、成任の長子である二つ下の世淳とともに、朝夕に成任から読書や詩作を教えられたことを懐かしげに記し、「余の成立して今日に至るを得るは皆、伯子の力なり」と自分が一人前になったのはすべて長兄の教誨《きようかい》の賜物であると、心からの感謝を示している（『慵斎』巻七）。

この時、成任は二人を相手に毎晩、同じ部屋に寝起きしては文を論じ合い、「おまえたちは文に優れるゆえ、私は遠からず閉門しておとなしくする他ない」などと軽口を叩《たた》いており、その和気藹々《あいあい》とした様子がうかがわれる。長子の世淳は惜しくも十五歳で早世してしまうが、弟らは期待どおりに成長し、成侃も成俔も見事に科挙に合格している。ただ、兄弟三人が科挙及第というのはさほど珍しくなかったようだ。

――わが国では三子登科は無限《かぞえきれな》いが、五子登科は尠少《まれ》だ。故《ゆえ》に、亡き父母には爵位を贈り、生存する父母には米二十碩《せき》を賜う。（中略）わが朝では……安重厚・謹厚・寛厚・敦厚・仁厚の五昆弟《きようだい》が登科している。そこで、わが文安公（成任）が常に余（成俔）に「わが昆弟は三度及第であって五には及ばない。とはいえ、私は初試・重試・抜英試、和仲（成俔）も登試し、おまえも初試・抜英試・重試に及第しており、数から言えば五を超え父母を喜ばせられるのに、国法が恨めしいことよ」というのだった（『慵斎』巻八）。

蓋し、上には上がある、ということだろう。

しかしながら、成任は決して子弟の教育に熱を上げ、一門の栄達のみを希求するさもしい出世至上主義者だったわけではない。抜英試とは正三品以上の文官のための臨時の科挙で、世祖十二年（一四六六年）に始められたものだが、世祖がその及第者を宴に招いた時、入侍していた成任が李芮《りぜい》（一四一九〜八〇年）に「王は常に足下を迂闊《きがきかない》なものと軽んじておられるゆえ、ここで詩を呈して挽回《ばんかい》されるがよかろう」とアドバイスした。そこで李芮が、「聖徳を歌詠し、起《た》ちて舞わんと欲すれば、天風は袖を吹きて回旋を助く」なる詩句を見せるや、世祖は「そちを迂儒《にぶいやつ》と思うていたが、この詩を見るに豪気なることよ」と甚く気に入り、女官に琵琶《びわ》を弾じさせたので、李は歌い舞い踊った。その後、しばらくして李は嘉靖大夫に昇進したという逸話が『慵斎』巻四に見える。

さりげなく人の栄達を手助けしてやる成任の心配りが光るが、それは官界における社交術というより、成任の人柄から滲《にじ》み出たものではなかったろうか。

——広城李克培《りこくばい》（一四二二〜九五年）は文章経済の才ともに兼ね揃《そろ》い、自ら国士を以て任じ、己の品藻（人物評価）にかなう人物はいないとしていたが、ただ成任だけは刎頸《ふんけい》の友と見なしていた。李が都承旨で、成任が右承旨だった時、李はある妓生《キーセン》を寵愛し、居場所を隠してまで通い続けた。ことを知った成任は李の隠れ家を探りあてると、李の行いをからかい皮肉る詩を書き、その家の壁に貼り付けた。それを見つけた李は即座に破り捨てたが、それ以後、二人はさらに相許す仲となったのである。

やがて、李の任期が満ちて退任する時、世祖が後任の人選を問うた。すると、李は成某の賢なるに及ぶものはないとしたので、成任が他のものを超えて都承旨となったのだった（『慵斎』巻九）。

成任とほぼ同年輩の李克培は世祖の即位を助けて佐翼功臣三等となり、多くの官職を経たのみならず（最後は領議政）、一四五九年には申叔舟《しんしゆくしゆう》とともに野人征伐に戦果をあげるなど、確かに文武に卓越した「国士」だった。その李克培と肝胆あい照らす朋友だったことは、成任の人品をもおのずから語るものといえよう。

成任への評価はこれに留まるものではない。彼はまた、当代きっての名筆として令名高かった。世祖が建立した円覚寺の碑は乖崖《かいがい》金守温（一四〇九～八一年）が製し、成任が揮毫《きごう》したものであることを成俔は誇らしげに書いているが（『慵斎』巻一）、その他にも成任の善書に関する記述が目につく。

――我国に善書のもの多しとはいえ、模範となるものは寡《すくな》い……独谷（成石璘）の書はただ縝密《しんみつ》なだけだが、八十にして書いた健元陵（李《り》成桂《せいけい》の陵）の碑は筆力の衰えを見せていない。（中略）伯子（成任）・仁斎姜希《きょうき》顔《がん》・東萊《とうらい》鄭蘭宗は当時、善書として有名だった。ところが、仁斎は書くことに慎重だったので、その書跡は罕《まれ》にしか残っていない。伯子は屏簇（屏風と掛け軸）を多く書いたが、円覚寺の碑は尤《もつと》も妙なるもので、成宗はその筆跡をご覧になるや「善き哉《かな》。名は虚《むな》しく得ず」とおっしゃったのである……（『慵斎』巻一）。

　成任の筆力については、実録類は無論のこと、曺伸《そうしん》（生没年不明。十五世後半に活躍。庶子ながら語学と文才に優れ、司訳院正に抜擢《ばつてき》されて中国に七度、日本に三度派遣された）の『謏《ゆ》聞瑣録《ぶんさろく》』（『大東野乗』巻三所収）などの野史でも繰り返し見えるところであり、成俔の身びいきなどでないことは確かだろう。

　以上のように、官界でのキャリアや名筆だけでも特記するに足るが、成任の功績はそれに留まるものではない。成俔も『慵斎叢話』巻十で言及したように、成任が編纂した『太平広記詳節』（一四六二年刊行）や『太平通載』は朝鮮文学史上、画期的な意義を持つからである。『太平広記詳節』は『太平広記』五百巻をおよそ十分の一に縮めたものだが完本は現存せず、その復元を試み、訳注と影印を付した労作が刊行されている（金長煥・朴在淵・李来宗校勘『太平広記詳節』）。両者の構成・内容には若干の違いがある。

まず、編目および細目については、『太平広記』では九十二個の編目を百五十二個の大小の細目に分けているのに対し、『太平広記詳節』では細目を独立した百四十三個の編目に再編し、大小の区別は無くしている（ただし、編目の数え方については若干の異論あり）。

内容的には、異僧・報恩・再生・方士・妖怪などの編目における説話の選択は『広記』に比べて『詳節』では少なく、かたや吝嗇《りんしょく》・豪侠・奢侈《しゃし》・才婦・妬婦など人物逸話的なものの編目が多い。それはいずれも十五世紀朝鮮社会の世俗社会への嗜好《しこう》と関心を反映したものであり、徐居正《じょきょせい》の『筆苑《ひつえん》雑記』や成俔の『慵斎』、李陸の『青坡劇談』などにおける人物逸話の豊富さを導いたものとされる。

一二一六年頃に作られた「翰林《かんりん》別曲」にすでに『太平広記』の名が見えるように、『広記』そのものの朝鮮への受容は早かった。しかし、外国文化を受容さえすれば、それをただちに消化し、自国文化の創造に利用できるわけではない。受容が単なる受容に留まらず、自国文化への関心を高め、その再「発見」をもたらすまでに至るには時代的・個人的条件が求められるからである。

『太平広記詳節』のあとを継いで編纂された『太平通載』（一四九二年頃刊行）には、『広記』以外のさまざまな中国文献に加え、『三国遺事』や『高麗史』『破閑集』「李相国年譜」、それに『新羅《しらぎ》殊異《しゅい》伝《でん》』まで含まれており、成任の自国文化・文学に対する意識が明瞭にうかがわれる。

それこそは朝鮮初期という進取の精神に富んだ時代に生まれ、王朝および自らのアイデンティティーに自覚的だった成任なればこそ、体現しえたものといえよう。

弟の成俔がその友である蔡寿《さいじゅ》に寄せた「村中鄙語序」（『虚白堂集』文集巻七）において、高麗時代の『破閑集』『補閑集』などが詩話に関する叙述に終始するのみで、広く朝鮮の時事に及ぶことがなかったことについて「笑うべきなり」と強く批判しているが、それも成任のこのような方向付けが先行していたからこそである。それは単に彼らが兄弟だったからというだけでなく、同時代を代表する文人間における影響関係として捉えるべきであり、成任の文化的なオピニオンリーダーとしての重要さを示すものといえよう。

さて、今も述べたように、『太平通載』は『広記』以外のさまざまな中国文献からなる。それらは、『宋史《そうし》』や『元史』といった史書や、『事文類聚《じぶんるいしゅう》』といった類書のみならず、『真仙通鑑』『呂真人集』のような道教書、また『笑海叢珠《しょうかいそうしゅ》』『笑苑千金《しょうえんせんきん》』のような笑話集（この二書は中国では早く逸書となり、今は日本に現存するのみだという。前者は唐の陸亀蒙《りくきもう》、後者は南宋の張致和の撰《せん》とされるが、中国笑話研究者の松枝茂夫氏は『笑府』の「解説」で、それらは仮託に過ぎず、一二七九年以後に刊行されたものとする）、それに『剪燈新話』や『剪燈余話』のような明代伝奇小説まで含まれており、その引用書目の多様さは「通儒」（新時代にふさわしい、実用的で広い視野を持った儒者の意）となるための範囲を超えているといわざるを得ない。そこで必要かつ有効となったのが、効用論である。

朝鮮伝奇小説の祖と目される『金鰲新話《きんごう》』を著したことで名高い金《きん》時習《じしゅう》（一四三五〜九三年）は「題剪燈新話後」（『梅月堂集』巻四）において、「目に一篇を閲すれば歯を啓《ひら》き、わが平生の磊塊《らいかい》の臆《おもい》を蕩《とろ》かすに足る」と、『剪燈新話』のような伝奇小説を読む喜びについて語っているが、それはもう天下の通儒たることを目的とする「公共」のための論理でなく、自覚的な「個」の精神に直接働きかけるものとしての文芸の位置づけに繋《つな》がるものであった。

すでに『太平広記詳節』において「李娃伝《りあでん》」や「柳氏伝《りゅうしでん》」など唐代伝奇の比重は高かったが、それが『太平通載』の『剪燈新話』や『剪燈余話』収録によってさらに明示化され、成俔の『慵斎叢話《そうわ》』において開花することになる。それを端的に示すのが安生の悲恋譚なのだが、これについては改めて述べることにしよう。

朝鮮文学史における成任の功績はかくも刮目《かつもく》すべきものであったにもかかわらず、その詩文集である『安斎集』さえ逸書となり（『慵斎』巻八にその書名が見える）、長らく所在が知れなかったが、九〇年代初めにようやく成任の子孫である成兢鉉《ソングクヒョン》氏の所蔵本が発見され、不完全ながらその一端を知ることができるようになったことを付言しておく（『成任の詩と生涯』洪順錫編訳）。

さて、ここで林羅山（一五八三〜一六五七年）との共通性に触れておきたい。両者はたとえ国家と時代を異にするとはいえ、ともに新たな政権が樹立されるという社会状況において、新たな文化・文学の創造に貢献した点で相関性を有するのみならず、直接的な影響関係さえあったと思われるからである。

周知のように、林羅山には意外なほど怪異譚に関する著作が多い。『怪談全書』『恠談《かいだん》』『怪談録』『幽霊之事』『狐媚鈔《こびしょう》』がそれらである（『怪談全書』は、かつては羅山の著書でないとされたものの、他の著作との比較検討から、後人の手が加わった可能性があるにしても、羅山の著作をもとにしたものとの見解が有力）。ここでは、その引用書目に注目しておこう。

『狐媚鈔』はすべて狐《きつね》に関する怪異譚からなり（三十五話）、『太平広記』（巻四百四十七〜四百五十五）所収の狐譚を抜粋した『狐媚叢談』（百三十三話）を抜粋、翻訳したものである。『怪談全書』『恠談』『怪談録』『幽霊之事』には重複する話が多いが、そこで引用される主な書目は次のとおり。

後漢書・魏書・呉越春秋・国語・左伝・三国志・風俗通・事文類聚・幽冥録・捜神記・異聞録・説淵・説海・太平広記・広異記・清尊録・夷堅志《いけんし》・離魂記・剪燈新話

史書・類書・説話集・伝奇小説など、一見して成任の『太平通載』との類似性が見て取れよう。ともに「通儒」（あらゆることに通じた儒者）たることを求められる時代に生きたとはいえ、この類似には単なる偶然以上のものが感じられる。後述するように、羅山が成任の親友であった徐居正の『筆苑雑記』や末弟である成俔の『慵斎』などに親しんでいたことは確かなものの、『太平通載』を読んだとの証拠は無い。

しかし、羅山とほぼ同時代の松下見林（一六三七〜一七〇三年）の『異称日本伝』下之三には『太平通載』からの引用が見え、それは姜希顔（一四一八〜六四年。希顔の弟の姜希孟《きもう》は成任とも親交があった）の『養花小録』を出典とするもので、『太平通載』巻七十五「草」を出典とするという。このことから『太平通載』が江戸時代前期に存在したことは疑いなく、羅山も読んだ可能性は高いと思われる。因みに、全百巻と推定される完本『太平通載』はいまだ発見されておらず、現存するのは七〜九巻、二十八、二十九、および六十五〜六十七巻などの残巻のみである（影印本『太平通載』）。つまり、『異称日本伝』に引用された『太平通載』巻七十五は今日の韓国では失われた「幻」の部分であり、それが確認できたことは極めて貴重だといえよう。

さて、羅山が二十歳の時に「剪燈新話跋《ばつ》」を著していることからもわかるように、彼には若い頃から怪異趣味ともいうべき性癖があった。『剪燈新話句解』のみならず、金時習の『金鰲新話』に訓点を施して刊行したのもその表れであり、その怪異趣味はやがて国内にも目を向けることになった。

日本の主な神社の縁起を記した『本朝神社考』下（一六三八年以降に刊行）には、天狗《てんぐ》や人魚など日本固有の妖怪伝承についての記述に溢《あふ》れている。このような羅山の怪異趣味は江戸文学にさまざまな影響を与えたことが知られているが、それは成任の薫陶を受けた成俔が『慵斎』に自分が見聞した怪異譚を記し、朝鮮伝記文学の発展に寄与したことを髣髴《ほうふつ》とさせるものといえよう。

また、羅山と朝鮮との関わりは驚くほど深く長かった。その師である藤原惺窩《せいか》が姜沆《きょうこう》（一五六七～一六一八年。秀吉の朝鮮出兵の際、藤堂高虎軍に捕らえられ、京都で幽閉生活を送りながら朝鮮朱子学を伝授。帰国後にその体験記である『看羊録』を著す）を通じて朝鮮朱子学を学んだことや、羅山自身が徳川家に仕官してから、家康が入手した膨大な朝鮮本を精力的に読みこなし、学問的素養を築いたことはよく知られているが、それに加え、朝鮮から派遣された通信使との接触も見落としてはならないだろう。

早くも二十三歳の時（一六〇五年）に、壬辰倭乱の戦後処理のために日本を訪れた松雲惟政《いせい》と京都で会い、筆談を交わしているが、その際に惟政から「君、年未《いま》だ而立《じりつ》（三十歳）に及ばず。頗る書を看《み》るの眼あり。君が為に之れを多《た》なりとなす」と褒められたことを得意げに記しているのである（『羅山先生文集』巻六十）。

羅山と朝鮮通信使との接触はその後も、一六〇七年から一六五五年と晩年まで続くが、ここでは特に寛永十三年、すなわち一六三六年の会談を取り上げたい。この時、通信使の正使は白《はく》絖《こう》、従使は金世濂《きんせいれん》だったが、羅山は次のような質問を浴びせている（同前。巻十四）。

一　檀君《だんくん》は千年も国を治めたというが、長命すぎる。荒唐無稽な話ではないのか？　また中国の史書に檀君の記事が無いのはなぜか？

二　箕子《きし》の記録も中華の群書に見えない。何を根拠としたものか？

三　唐の太宗が高句麗との戦いで目に矢を射られたと李穡はいうが、『唐書』にも『通鑑《つがん》』にもそのような記述はない。朝鮮側の一方的な「私言」ではないのか？

四　かつて日本を訪れた鄭夢周は忠義の士であるのに、何の罪があってこれを殺したのか？

五　鷹の飼育書である『鷹鶻方《ようこつほう》』にある薬草についての質問。

六　慵斎（成俔）の温泉に関する説明に対する疑問。

七　李退渓《りたいけい》の四端七情説に関する質問。

七の四端七情説の議論は儒者たるもの当然だが、五の鷹の飼育方への関心は「通儒」たる必要性から生じたものだろう。六の成俔の温泉説は『慵斎』巻九に見えるもの。羅山は『羅山先生文集』巻七十四で『慵斎』を引用しており、原典から直接得た知識であることは確かである。
また、和漢文随筆集である『梅村載筆』（『日本随筆大成』所収）では朱子の「温湯詩」に言及しているので、或いは羅山はそこから温泉に興味を持ったのかもしれないが、自然現象の不思議さをいうならば、むしろ『慵斎』巻九の「東海無潮説」に言及すべきだったろう。東海無潮説とは、水深の浅い西海（東シナ海のこと。平均水深四十四メートル）とは異なり、深い東海（日本海のこと。同・千三百六十一メートル）では潮の干満の差が著しく小さい現象をさすものだが（第六章参照）、東海をよく知らなかった羅山には何のことだか理解できなかったに違いない。

以上の三つはともかくとして、一から四の質問には政治的に深くデリケートな問題が含まれている。一、二のような開国神話について言うならば、日本神話こそ荒唐無稽の誹《そし》りを免れないはずだが、羅山はそれに対してどう考えていたのだろうか?

実は、羅山の古代史理解は『古事記』や『日本書紀』のような記紀神話をそのまま踏襲するのではなく、例えば人の起源を朱子学的な気化・形化論で読み替えたものであり、しかも天皇家の祖先は中国から渡ってきた泰伯《たいはく》であるとする、特異なものだった（「神武天皇論」『羅山先生文集』巻二十五）。

泰伯とは周の古公亶父《ここうたんぽ》の長子で、父が末弟に王位を譲る考えであるのを知るや、次弟とともに南方に移り住み、そこで断髪・文身《いれずみ》といった蛮族の風習に身を染め、呉《ご》の国を建てたといわれる人物だが、孔子が「泰伯は其れ至徳と謂うべきのみ。三《み》たび天下を以て譲る。民得て称することと無し」と説いたことで知られる（『論語』泰伯篇《へん》）。それが日本民族の起源と結び付けられたのは、九州地方のような南方には漁労民が多く、その風習として断髪・文身があり、天皇家が九州から北上して大和（奈良地方）に朝廷を開いたとする記紀神話とも合致しやすかったからである。

ただし、天皇家を呉の泰伯とする「泰伯皇祖説」は林羅山が初めてではなく、禅僧である中巌円月《ちゅうがんえんげつ》（?～一三七五年）が先に述べたものであり、『神皇正統記《じんのうしょうとうき》』で北畠親房が激しく反論したことでも知られる。羅山以外でも熊沢蕃山《ばんざん》（一六一九～九一年）が『三輪物語』において泰伯皇祖説を主張しているし、また、滝沢馬琴（一七六七～一八四八年）編著の『兎園《とえん》小説』第八集でも、天照大神《あまてらすおおみかみ》を泰伯とする説が取り上げられているように、江戸時代後期に至るまで持続的な関心が寄せられた。

つまり、羅山は日本の始祖神話について儒者的な立場からの「合理化」を施したといえるが、このような例は朝鮮でも見られた。権近《ごんぎん》（一三五二～一四〇九年）が明の永楽帝《えいらくてい》に奏上した「応制詩」において、檀君が直接天から地上に下って君主となったとしたのがそれである。

それは華夷《かい》秩序の頂点たる中国皇帝の前で、桓雄《かんゆう》と熊女《ゆうじょ》との神獣婚姻譚を持ち出すのが憚《はばか》られたからに他ならないが、この合理化された檀君像はその後も『龍飛御天歌』（巻一第九章、一四四五年）や『東国通鑑《とうごくつがん》』（一四八五年）、『東国輿地勝覧』（巻五十一「平壌府」一五三〇年）などに受け継がれていったのだった。このような始祖神話の合理化、または改変は「普遍的」な中国文化に対し、日韓それぞれにおいて自国の固有文化を位置づけようとした際に起きた現象として極めて興味深いものといえよう。

先にも見たように羅山は早くから朝鮮の文献に親しんでおり、その中には『筆苑雑記』があったことはその蔵書目録からも確認される。その上、この『筆苑雑記』巻一には徐居正の檀君神話に対する疑念が表明されており、檀君の長命、および中国の史書には見えないことなど、疑念の根拠は羅山の言辞と全く一致する。三の李穡の詩から導かれる唐の太宗負傷説も、同じく『筆苑雑記』巻二に記載されたものであって、羅山の朝鮮通信使との対話はそれを剽窃《ひょうせつ》、もしくは応用したものに違いない。

以上のことから、従来、「実証的に合理的な史観を以てつめよった質問である」と評価されてきたこの羅山の指摘は（阿部吉雄『日本朱子学と朝鮮』）、羅山のオリジナルなどではなく、徐居正のような朝鮮朱子学者の合理的精神にもとづくものであったと認めねばならないだろう。

羅山は若い頃、藤原惺窩に論争を挑んだ時、その論拠とした排陸説（陸象山《りくしょうざん》を批判する論）が陳清瀾《ちんせいらん》の『学蔀通弁《がくぼうつうべん》』や詹陵《せんりょう》の『異端弁正《いたんべんせい》』、それに李退渓《りたいけい》の『心経後論』など、中国や朝鮮の儒学書をタネ本とするものであることを喝破されたことがあった（堀勇雄『林羅山』）。ここでも、その手法を繰り返したわけだが、通信使たちはまさか羅山が『筆苑雑記』を読んでいるとは夢にも思わなかったことだろう。

羅山の通信使に対する些《いささ》か居丈高な言動は、常々日本を文化的な後進国として見下す傾向の強かった朝鮮に対する羅山なりの精一杯のアピールだったというところかもしれない。この羅山の不躾《ぶしつけ》な質問に対し、朝鮮側は四から七までについては回答し、他のものはすべて黙殺したと伝えられるが、それは蓋《けだ》し当然の対応であった。

（四）成侃――不幸、短命の才子

成俔の次兄成侃（一四二七～五六年）は不幸短命にして三十に満たずに亡くなったが、残した逸話は少なくない。『慵斎』に成侃の逸話があることはいうまでもないが、成俔は早死にした次兄を悼み、「真逸先生伝」（『虚白堂集』文集巻十三）を書いており、それを中心に見ていくことにしよう。全文を引用するには長いので、いくつかエピソード別に紹介する。

――成侃は成任より七歳年下だったが、幼い時より磊落なる志があった。常に天を望んでは長嘯《ちょうしょう》（声を長くして詩を吟じること）し、「この世に男児として生まれたからには郭子儀《かくしぎ》や李光弼《りこうひつ》を見習うべきだ」といい、杖《つえ》を持って門に立ち、前を通る者が自分に敬意を示さないと杖で打とうとするので、人はみな敬遠したのだった。父の成念祖が執義になった時、祝いにやってきた者の一人が成俔の頭を撫《な》で、「わしは汝《おまえ》の父と同い年だ」といった。すると、成俔は相手の官職の卑《ひく》さをあげつらうや杖で打ちかかったので、周りの人たちはみな絶倒したのだった（「真逸先生伝」）。

郭子儀と李光弼は唐の粛宗《しゆくそう》の時、安禄山《あんろくざん》の乱の平定に功績をあげ、李・郭と併び称された名将である。それに憧れる志には壮たるものがあるとしても、まだ年端もいかぬ子どもが父と同年の輩《やから》に向かい、官位の上下を持ち出して面罵したばかりか、打ち据えようとするとはよほどイヤミな悪童か、または「恐るべき子ども」かのどちらかだが、成俔は後者だった。

――十五歳で受験した司馬試の場で、周囲はみな筆を手に苦吟しているのに、ひとり成俔だけは地面に冠をつけた人物の絵を描いていた。それを見た老儒が「どこの小児が母の乳も吸わず、ここで浪遊《あそ》んでおるのじゃ」というと、成俔は「これは自分が遊街（科挙及第を披露する街頭パレード）する姿だ」と答えたのである。やがて日暮れが近づくと、成俔は筆を手に書き下ろすこと雨降る如《ごと》くで、ついに及第したのだった。

放榜《ほうぼう》（合格発表）の日、或《あ》る者が「この児は人の手を借りたのだ」と譏《そし》るので、発奮した成俔は杜甫《とほ》の詩を千回読み、豁然《かつぜん》として大悟するところがあった。それからというもの、広く六経子史に通熟したが、十余年ものあいだ帯も解かずに読書に熱中したのである（「真逸先生伝」）。

　科挙も終わらぬうちに、合格披露で街を練り歩く自分の姿をイタズラ画きしていたというのだから恐れ入る。反感をかい、カンニング容疑をかけられたのも宜《うべ》なるかなだが、それに反発して十数年ものあいだ読書に没頭するところが、やはり只者《ただもの》ではない（因みに、成俔が杜甫の詩を学んで常に長兄の成任と論じ合い、成俔もまた成任から杜甫を学んだことが『慵斎』巻七に見える）。

　――成俔は常日頃、司馬遷の『史記』を入手したがっていた。孝寧《こうねい》大君（一三九六～一四八六年。太宗の次男）が善本を持つと聞き、自ら訪ねていって頼んだところ、大君はその篤学の志を嘉《よみ》し譲ってくれたので、帯で本をくくり、かついで帰った。市場に差しかかったところ、急に帯が切れて書籍が地に散乱したので、それを見た人々は成俔を狂人扱いしたが、成俔は何事もなかったように徐《おもむろ》に拾い集めると、あとも見ずに立ち去ったのである（「真逸先生伝」）。

　この時代は手軽に書見できたわけではなく、中国船来の書は高価で珍重され、購入できるものは極《ご》くわずか。あとは借りて読むか書写するかだった。同時代人の洪貴達（一四三八～一五〇四年。寒微な家門から宰相まで栄達するも諫言を憚らず、孫娘を求めた燕山君《えんざんくん》に逆らったために絞殺に処された。詩文にも優れ、成任の墓碑銘を書いている）も若い頃は貧しくて書が買えず、殆《ほとん》どすべて人から借りては暗誦《あんしよう》したという話が伝わる（『海東名臣録』）。そのため読書人の苦労は並大抵ではなく、書をめぐる逸話・珍事も少なくないが、その一つを『慵斎』から拾えば次のとおり。

——金守温は六経諸子百史に通じ、とりわけ仏典に造詣が深かった。若い頃より人から書を借りて読み、成均館にも出入りして書を抜き出すと、一張ずつ暗誦しては袖に入れ、忘れるとまた取り出して暗誦する。覚えれば棄《す》ててしまうので、書も無くなるのだった。ある時、申叔舟が美しく装丁された『古文選』を下賜され、一時も手放そうとしなかったが、金が懇願するのでやむなく貸すことにした。翌月、申が金の家に行ってみると、バラバラにされた書が壁中に貼り付けてあり、烟《けむり》で燻《いぶ》されたのか、黒ずんで字も読めないほど。わけを尋ねると、金は「寝ころがって書を読むためだ」と答えたのだった（『慵斎』巻四）。

『顔氏家訓』治家第五には、「人の典籍を借りては皆な須《すべか》らく愛護すべし。先に欠壊あれば就《すなわ》ち為に補治せよ。此れまた士大夫百行の一也」とあるのだが、換言すれば、こういう家訓があるのは借り物を粗末に扱う不心得者が多かった証左でもあろう。愛蔵する書を台無しにされた申叔舟がどう対応したのか、気になるところだが、後日談については不明である。

『世宗《せ》実録《そう》』（十二年庚戌〔一四三〇年〕十二月十日丙子の条）には、活字で印刷された『古文選』が宗臣や文臣に賜下された記事が見え、申叔舟が愛蔵したのは或いはその類いだったかもしれない。

さて、かくの如き人種は現代ならオタクとかマニアの範疇《はんちゅう》に入るのだろうが、当時は書痴、あるいは書淫と呼ばれた。文人につきものの性癖といえるが、その中でも成侃は頭抜けていたようで、「真逸先生伝」以外にも同様の記事がある。

――修撰の成侃は幼い時から博覧広記。書として読まざるはなく、天文地理・医薬・卜筮《ぼくぜい》・道経・釈教・算法・訳語、みな渉猟した。士大夫や朋友に貴書・珍書があると聞けば、必ず見ることを求めて已《や》まないのだった。

予（徐居正）が集賢殿にいる時、成侃が蔵書閣中の秘書を見たいといったが、予は「外部の者に軽々しく見せることはできぬ」と拒んだ。その後、一人で当直していた時に成侃がやってきて、またも切に請うので、ついに許してやった。

すると、侃は終夜あかりを灯《とも》して読みふけったのだった。その十年後、成侃が集賢殿に入ったが、いつも閣中に坐《ざ》し、左右にある書籍を手当たり次第に読むので、同僚らは書淫だとして譏《そし》ったのである。しかし、書に熱中するあまり過労が祟《たた》って三十で亡くなったのは惜しまれる（『筆苑雑記』巻二）。

これまで何度も述べたように、徐居正は長兄の成任とはほぼ同年輩で公私ともに親交があり、成侃もよく知っており、その文集である『真逸遺稿』に成俔とともに序文を寄せている。貪るような読書で命を縮めるとは成俔の書淫ぶりも相当なものだが、『宋元学案』を補綴《ほてつ》したことで知られる清の全祖望《ぜんそぼう》（一七〇五～五五年）は翰林院《かんりんいん》所蔵の『永楽大典』を毎日二十巻ずつ読んだというから恐れ入る（内藤湖南『支那史学史』。因みに、『永楽大典』は二万二千八百七十七巻の巨帙《きょちつ》である）。蓋し、人類の知的欲望は果てしなく、同じく淫の字を冠しても、そこらの猟色家の淫事の比ではないことは確かだろう。

さて、成俔は単なる読書バカではなく、詩才にも優れていた。天使（中国皇帝の使者）の倪《げい》侍講が朝鮮にやってきた時、成俔の作品を目にし、思わず膝を屈して「東人の辞藻、中朝に減ぜず（朝鮮人の詩文は中国に劣らない）」と感嘆したと「真逸先生伝」は記す（『真逸遺稿』巻一には成俔が中国に帰国する倪に贈った詩「送倪天使還京」がある）。

また、首陽《しゅよう》大君（世宗の次男。のちの世祖）と対立した安平大君（世宗の三男）も成俔が詩才の誉れ高いことを知って、配下に入れようと懐柔したが、太夫人（成俔兄弟の母）が大君たるものは身辺を謹《つつし》むべきものなのに、逆に安平大君は派手な人目につく行動を好むことを危ぶみ、成俔に警戒するよう説いたところ、それから程なく安平大君は世祖との争いに敗れて失脚し、賜死されたので、人々は太夫人の識見に感服したという話が『慵斎』巻二に見える。

これらはいずれも成俔の記述だから身びいきかといえば決してそうではない。

一四七八年に金宗直（一四三一～九二年。士林派の領袖として著名）が編纂した『青邱《せいきゅう》風雅』には新羅の崔致遠《さいちえん》以降、当代に至る百二十六人の漢詩五百十八首が収録されているが、そこには成侃作の「老人行」や「遊城南」など八首が採用されており、高い評価を得ていたことは明らかだからである。また、申欽《しんきん》（一五六六〜一六二八年）の『晴窓軟談』（『稗林』六輯所収）でも、「虚白（成俔の号）の家に四文章あり。曰《いわ》く任、……侃、……世昌（成俔の三男）なり。皆《み》な文を能《よ》くするも、侃は最も才にして早卒す。若《も》し年を假せば虚白に優らん」とあるように、後世でも評価は変わらない。明末清初の銭謙益《せんけんえき》の『列朝詩集』には鄭夢周をはじめ、四十三人の朝鮮詩人が掲載されているが、その中に成侃・成俔の名が見えることからも（「古曲」と「田父行」、「擬古」と「木綿行」）、成侃の詩人としての評価が時代と国境を越えるものであったことは確かだろう。

「慵夫伝」（『真逸遺稿』巻四、および『東文選』巻百一所収）も興味深い。これは家に五千巻の書があっても読まず、体中に出来物ができても医者にかかろうともしない慵夫（怠け者）と、それとは対照的な勤須子（働き者）の対話を中心に、それぞれの生に対する思弁哲学的文学の佳作である。

成俔にも世の権勢には無頓着で詩書と風流を愛し、「生きて世に寓《ぐう》すること浮かぶが如く、死して世を去ること休むが如し」と嘯《うそぶ》く士人を描いた「浮休子伝」（『虚白堂集』文集巻十三）や、その浮休子が己の世界観を叙した『浮休子談論』があるが、それには成侃の影響もあったに違いない。この種の作品は士大夫の嗜好《しこう》を反映し、朝鮮後期の実学者である洪大容《こうたいよう》(一七三一〜八三年)が虚子(典型的な儒者)と実翁(山中の巨人)の対話という寓話形式で展開した自然哲学エッセイ「毉山問答《いさんもんどう》」(『湛軒集《たんけん》』内集巻四)に至るまで書き継がれることになる。

ところで、かくの如く文才と博覧強記をもって鳴る成侃も、音楽には疎かったらしく、修撰《しゅうせん》に昇進した時、「余は文学・雑芸は知らざるところはないが、未《いま》だ(音)楽を知らない」と嘆き、その後、琴や鼓を学ぶこと数ヶ月、遂《つい》に楽の要妙を会得したという(「真逸先生伝」)。後述するように、弟の成俔は早くから音楽に親しみ、長じてその方面で多くの業績を残しているので意外な気もするが、わずか数ヶ月でマスターしえたのはやはり兄弟が共有していた天賦の音感によるものだろう。

さて、美人薄命なら才子も短命ということだろうか、三十になる前に成侃は亡くなってしまうが、その死には予兆があった。

――真逸先生(成侃)が言った。「夢で提学の李伯高(李塏《りがい》)が龍になるのをみた。私はその龍に攀《よじのぼ》って江《かわ》を渡ったが、墜ちるのを恐れていると、龍が顧りみて〈堅く吾の角を執《つか》め〉と言う。やっと江の岸に止《つ》いたところ、草木人物ともにみな人世《このよ》のものではなかった。夢から醒《さ》めてこのことを伯子《あにうえ》(成任)にいうと、伯子は〈伯高は当時《いま》の懿望《いぼう》(人望ある人物)であり、かつて重試に及第した者。君《おまえ》がその角に攀ったのなら、必ずや重試に壮元及第するだろう〉といった」。

（ところが）、ほどなく伯高は誅《ちゅう》され、真逸も病むようになった。病中、詩を作り、伯子に書にしてくれるよう頼んだ（中略）。それを読んだ伯子は、「この詩には太《はなは》だ生気がある。君はきっと恙《つつが》ないだろう」といったが、その翌日、（真逸は）逝去したのだった。それゆえ、これらはみな凶兆であって、吉兆ではなかったのだ（『慵斎』巻二）。

李塏（一四一七〜五六年）とはかの高麗末の名儒李穡の曾孫で、世祖簒奪に抗して端宗《たんそう》の復位を謀《はか》ったものの、事前にことが洩《も》れて捕らえられてしまう。しかし、凄惨《せいさん》な拷問にも屈することなく節に殉じ、最後は牛裂きの刑に果てた死六臣の一人として古今に名高い。その李塏と成俔の運命を重ね合わせたのには何か含むところがあるように思えるが、『慵斎』で成俔はこの政変に関する言及を自制したらしく、両者の繋《つな》がりは明らかではない。

一方、先に引用した「真逸先生伝」では、

――丙子の歳《とし》（一四五六年、世祖簒奪のあった年）、文儒煽乱《せんらん》して誅に伏し、集賢殿を罷《まか》す。先生（成侃）は移って正言を拝すも、未だ官に出でざるに病を得て卒す。年三十。常に自らその命を占して曰く、「吾は丙子の凶に遇わん」と。是に至り、その言始めて験す。

細かな穿鑿《せんさく》で恐縮だが、「丙子の歳、文儒煽乱して誅に伏し」とあるのが、同じく成俔の『真逸遺稿』「序」では「丙子、群姦煽乱し、相継いで誅に伏し」となっている。「序」の「群姦」

には成俔の主観が、「真逸先生伝」の「文儒」には成侃自身のまなざしが反映されているとするならば、成侃は世祖簒奪に批判的で、死六臣に共感するところ大だったのではなかろうか。

彼には飢えに苦しむ母親がやむなく二人の乳呑児《ちのみご》を路辺に捨てたところ、その乳児を虎が襲うという凄惨な悲劇を描いた「餓婦行」(『真逸遺稿』巻二)なる作品がある。

杜甫に代表されるように、憂国愛民を語ることは士大夫の証《あかし》であり、成俔にしても「窮村詞」(『虚白堂集』詩集巻二)や八十四句に及ぶ長編詩「過昌和里」(同前。拾遺巻一)などで困窮と貪官汚吏に苦しむ民の姿を活写しているが、成侃が「悪風行」(同前)で、「……万姓をして飢寒を免れしめば、吾は飢寒を受け死すとも亦《ま》た足る……」と詠ったように溢れるような激情の吐露は成俔にはなく、そこにおのずと両者の資質の違いが表れているといえよう。先にもあげた「老人行」とともに、作品に示された成侃の鋭い問題意識は「現実主義的傾向性の萌《ほう》芽《が》」とも評されるが(林熒択『李朝時代叙事詩』)、そのような成侃なればこそ、死六臣の酷《むご》い最期には心を痛めていたはずだからである。

また、成侃自身が己の早世を自ら予感していたことは次の逸話にも見える。

――(成侃は)卜筮を善くし、常に「子胖(盧思鎮)は位人臣を極め、(崔)勢遠も朝廷で名をあげよう。しかし、自分は学業に辛苦しても長寿ではあるまい」といった。やがて、病床に臥すと、見舞いにやってきた大夫人(母)に、「私は夫人の子ではありませぬ。わが兄弟こそはきっと宰相になり、夫人に孝養を尽くすものです」といったが、みなそのとおりになったのである（『慵斎』巻二）。

自他ともに認める多才を誇り、高い矜持《きょうじ》を保った成俔が、その天分を生かすことなく早逝したのは痛ましいが、悲劇はそれに留まらなかった。

――成俔には世傑《せけつ》・世勣《せせき》・世徳《せとく》の三子がいた。長子の世傑は英敏にして詩才に溢れ、神童と呼ばれたものの、わずか十三歳で病死。次男の世勣は詩文および筆法に優れたうえ、進士科に首席で及第したが、ある時、友と山寺で読書に励んでいた時、夜半に厠《かわや》に行ったまま戻ってこないことがあった。それ以後、心神は恍惚《こうこつ》として狂人の如く、四十を過ぎても治らないまま。三男の世徳も進士科に及第したあと、やはり精神を病んだのである。また、次男の世勣には誼と諒の二子がいて、ともに詩文の才で知られたが、ともに三十にならずして亡くなったのだった（『慵斎』巻四）。

長兄の成任も四男一女のうち、長子の世淳を十五歳で亡くしているので（同前）、子息の早世は珍しくないとはいえ、狂気の果てに若死にするというのは尋常ではあるまい。成俔の子息にこれほどまで不幸が続くのは理不尽としかいいようがないが、それは彼だけではなかった。

成俔は、先祖の成石璘は清廉を以《もっ》て知られたにもかかわらず、その長子の参賛成公は跡継ぎに恵まれず、次男の参賛議公は生まれながらにして盲目であり、その子の昌山君、およびその孫に至る三代続けて先天的な盲人が生まれた不幸をあげ、「積善の家に必ず余慶ありというも、(中略)信《まこと》なり、天道の謀《みさだ》めがたきことは」と嘆いているが(『慵斎』巻八)、もっともなことである。

それにしても、通常なら他人に知られたくない家門の不幸をこれほどまで直截《ちょくせつ》に外聞を憚ることなく書き残すとは、古《いにしえ》の史官にも見まごうほどの「直筆」ぶりだが、その成俔にして敢《あ》えて忌避し、述べなかったと思われる事柄がある。それは兄成侃の容貌についてだった。

――成侃は文才で知られたが、容貌が冴《さ》えなかった。集賢殿で宴《うたげ》がある時には必ず成侃を迎えて坐客《ざかく》としたので、皆は容貌の醜い者を坐客と呼ぶようになったのである(『青坡劇談』)。

『青坡劇談』の著者李陸(一四三八~九八年)は成俔の若い時からの親しい友人で、しかも、先述したように成俔の三男の世昌は李陸の娘を娶《めと》っており、二人は査頓《サドン》(婿と嫁双方の親同士、または姻戚を指す言葉)関係でもあった。にもかかわらず、この遠慮会釈のない書きぶりには恐れ入る。しかも、その筆法は成俔に対しても容赦はなかった。先の引用に続けて次のようにいう。

――玄碩圭《げんせきけい》(一四三〇~八〇年。都承旨・大司憲・刑曹判書を歴任)も容貌が陋《みすぼら》しかった。ある時、玄が大臣の邸を訪ねると、窓から玄の姿を盗み見た婦人がその醜さを笑った。(しかし)次に成俔が来ると、婦人は思わず言葉を失い、「前日の者は陋しいとはいえ、まだ人のようだったが、今の者は人形《ひと》とは思えず、笑いもできない」といったのだった。嘗《かつ》て世祖も成俔の容貌を見て、「汝は才はあれども容貌甚だ陋し。承旨のように（王の）そば近くに侍《はべ》るは不可なるゆえ、他の職につくがよい」と言ったので、それからは成俔のことを「御覧坐客」と呼んだという（同前）。

柳夢寅《りゅうぼういん》（一五五九〜一六二三年）の『於于野談《おうやだん》』でもこの「御覧坐客」の話を記すが、『青坡劇談』の成俔逸話を受け継いだものであることはいうまでもない。

ところで、世祖のいう承旨とは秘書官にあたる職位で、日常的に王のそば近く仕える。そのため世祖が醜男《ぶおとこ》は目障りだといったわけだが、のちの成宗の時に成俔は承旨に昇進しているので（一四八〇年に右承旨）、この時の屈辱は晴らせたはずだ。そういえば、『慵斎』には、「南大門の外（にある家門からは）承旨絶えず。わが祖恭度公・孝恭恵公……、近くは余と韓西川……」（巻二）をはじめとし、承旨に関する言及が少なくないのは或いはこの時のトラウマがなせるわざかもしれない。

いつか「人間は顔ではない。けれど、顔は人間であってほしい」というジョークが流行《はや》ったことがあったが、どうやら成俔の容貌は人間離れしていたようである。とはいえ、心性を磨くべき士大夫たるものが、人の見かけを論《あげつら》うのは奇異に思われるかもしれない。しかし、士大夫社会では「見てくれ」も大事だった。かの孔子でさえ、弟子の澹台滅明《たんだいめつめい》の容貌があまりに醜かったため、才乏しきものと決めつけ、関心を払わなかったところ、のちに澹台はその清廉な出所進退によって人望を集めたことを知り、外見ばかり重んじた己れの不明を恥じたという(『史記』「仲尼弟子列伝」)。

そのような「儒教的」伝統は引き継がれ、科挙における人材登用では身・言・書・判の四つが重要視された。すなわち、身とは体貌豊偉(堂々たる容貌)、言とは言辞弁正(爽やかな弁舌)、書とは楷法遵美(美しい筆跡)、判とは文理優長(的確な判断力)のことで、古く『唐書』選挙志にも明文化されている。「士は己《おの》れを知る者のために死し、女は己れを説《よろこ》ぶ者のために容《かたちづく》る」とは戦国時代の晋《しん》の予譲の言葉だが(『史記』「刺客列伝」)、それは義に命をかける志士の話。宮仕えの士大夫官僚には「巧言令色」も必須要件だったわけである。

この「伝統」は士大夫社会では牢固《ろうこ》たるものだった。金安老(一四八一〜一五三七年)の『龍泉談寂記』には、天使の董越《とうえつ》が平壌を訪れた時(一四八八年)、平安道観察使兼平壌府尹だった成俔は宴を催して接待につとめるが、天使らは成俔の容貌があまりに冴えないので、一介の州官(地方官吏)としか思わなかった。ところが、詩の応酬の段になり、成俔が自作「紅の雨庭に満ちて桃すでに謝し、青銭水に点じて藕《はす》初めて浮く(紅《あか》い桃の花は散って庭を埋め　青い藕の花は咲いて水に浮く)」を披露するや、その出来栄えに驚いた董越が、「このように優れた人物が何ゆえに州官などしているのか」というので、伴接官の許琮《きよそう》(一四三四〜九四年。李《り》施愛《しあい》の乱や女真族の侵攻を平定するなど、文武に優れた）は、「朝鮮は風雅の道を重んじるので、朝廷で最も優れた者を選んで州官にするのだ」と答えたのだった、という逸話が見える。『慵斎』巻一には天使の董越・王敞《おうしょう》を歓待した時の詳しい記述があるものの、無論、この一件については何も記されていない。しかし、『龍泉談寂記』に引用された成俔の漢詩は「答風月楼」なる題名で『虚白堂集』詩集巻十四に所収されており、逸話そのものは事実にもとづく可能性が高いだろう（ただし、「「紅の雨　庭に満ちて」は「紅の雨　庭に散じて」とする）。

はてさて、いくら古人とはいえ、あからさまに人の容貌を論《あげつら》うのは些《いささ》か気が引けるというもの。そこで、成俔の名誉のためにも言っておきたいことがある。心無い婦女子に人間扱いされないほどの男ぶりだったにせよ、そのことが成俔の心根を捻《ね》じ曲げ、人の心や男女の機微を解さぬ朴念仁《ぼくねんじん》としてしまうことは決してなかった。身分違いのために引き裂かれ、非業の最期を遂げた若い恋人たちを描いた「安生の悲恋譚」（後述）に示されるように、その筆先には心からの共感と哀惜の思いが溢れているからである。きっと、晩年の成俔は深い知性と豊かな感性が作り上げた滋味掬《きく》すべき風貌の持ち主であったものと私は信じて疑わない。

第六章　成俔《せいけん》の時代と『慵斎叢話《ようさいそうわ》』の視野と語りの世界

(一) 時代背景

近年、韓流ブームの影響で朝鮮王朝について少しは知られるようになったし、本書でもこれまで断片的に言及してはいるものの、ここで改めて成俔の生きた時代背景について概観しておこう。

高麗《こうらい》王朝を倒した太祖李成桂《りせいけい》（在位一三九二〜九八年）と二代の定宗《ていそう》（在位一三九八〜一四〇〇年）の時代は、李芳遠《りほうえん》（太祖の第五子、のちの三代太宗《たいそう》）による政変（第一次、第二次王子の乱）など、政権初期特有の不安定さが見られたが、実力者の太宗（在位一四〇一〜一八年）が王位につくと内外の治世に功をあげ、朝鮮王朝の礎を築いた。

太宗の長子である譲寧君《じょうねいくん》が素行不良で廃嫡されたため（因《ちな》みに、韓国初代大統領の李承晩《イスンマン》はその十六代末裔《まつえい》だという）、三男の忠寧大君《ちゅうねい》があとを継ぐ。これが四代の世宗《せそう》（在位一四一八～五〇年）である。世宗は宮中に集賢殿を設け、学芸に秀でた人材を集めてともに経書を論じ合うほど学問好きであり、朝廷の吉礼・嘉礼《かれい》など五の礼法をまとめた『国朝五礼儀』や『資《し》治通鑑《じつがん》訓義』、それに前王朝の正史である『高麗史』や、朝鮮王朝の樹立を寿《ことほ》いだ頌歌《しょうか》『龍飛《りゅうひ》御天歌《ぎょてんか》』（その第二章「根深き樹は風に揺るがず、花美しく実の多《さわ》に　底深き泉は旱《ひでり》に枯れず、河なして海に流る」の名句は今も愛唱される）などの重要書籍を編纂《へんさん》させた。

また、天文台である簡儀台を設けて渾天儀《こんてんぎ》（天体観測機器）や仰釜日晷《こうふにっき》（日時計）・自撃漏《じげきろう》（自動水時計）など多くの天体観測機器を製作させたが、それは宮中の工匠（つまり官奴）だった蔣英実《しょうえいじつ》（父はもと中国の蘇州《そしゅう》・杭州《こうしゅう》あたりの出身、母は妓生《キーセン》だったという。『世宗実録』十五年癸丑《きちゅう》〔一四三三年〕九月乙未《いつび》の条）を抜擢《ばってき》するという、世宗の画期的な人材登用の成果でもあった（二〇一六年KBSで蔣英実がドラマ化されたが、主演は『朱蒙《チュモン》』でブレークした宋日国《ソンイルグク》である。彼は三つ子の息子ら（その名も大韓・民国・万歳という）のよきパパに専念してお茶の間の人気を博し、暫《しばら》くTVドラマから遠ざかっていたが、この作品でカムバックした。因みに、彼の母親はもと女優で与党セヌリ党の元老議員だった金乙東《キムウルドン》（二〇一六年の総選挙で落選）。また、彼女の父親は映画『将軍の息子』のモデルとなった金斗漢《キムドゥハン》であり、祖父は独立運動で活躍した金佐鎮《キムジャジン》将軍だとされる。

一方、世宗は農政にも力を注ぎ、各地の老農から聞き出した農業技術を『農事直説』にまとめ、その他にも官吏登用制度の整備、そしてかのハングル創製など朝鮮王朝随一の名君と称《たた》えられるにふさわしい事業を残したことは周知のとおり。ところが、集賢殿の設置は士大夫官僚の政治的な権限を強めることとなり、これが次に起こる政変を招く一因ともなった。

病弱だった五代の文宗《ぶんそう》（世宗の第一子）は在位わずか二年で薨御《こうぎょ》（「天子の死するを崩《ほう》と曰《い》ひ、諸侯に薨《こう》と曰ひ……」『礼記《らいき》』曲礼下篇《へん》。朝鮮国王は中国皇帝からみれば諸侯に該当する）したため、六代端宗《たんそう》はわずか十二歳で即位した。

しかし、王位を狙う叔父の首陽《しゆよう》大君（世宗の第二子、のちの世祖《せいそ》）は、端宗の後ろ盾だった皇甫仁《こうほじん》や金宗瑞《きんそうずい》ら有力大臣や、対立していた弟の安平《あんへい》大君（世宗の第三子）ら政敵を次々に粛清。端宗は魯山君《ろさんくん》に降格されて地方に流され、ついに賜死させられるという痛ましい最期を遂げる（一六九八年に第十九代粛宗《しゆくそう》が端宗という諡号《しごう》を追贈して、ようやく復権）。この時、端宗の復位を図った成三問《せいさんもん》らは凄惨《せいさん》な拷問を受けても志を曲げず、節に準じた忠臣として後世「死六臣」と仰がれることとなった（同じく粛宗代の一六九一年、その名誉が回復されて漢江《ハンガン》南岸の鷺梁津《ノリャンジン》に愍節《びんせつ》書院が建てられ、今は死六臣公園となっている）。

成俔は直接、この政変に触れてはいないが、先に紹介したように、次兄の成侃《せいかん》が死六臣の一人である李塏《りがい》が龍となって昇天する夢を見たものの、それは凶兆だったという話を『慵斎』巻二に記している。また、李塏の妹夫（姉妹の夫）であり、事件に縁座して車裂きの刑に処せられた李徽《りき》を登場させ、はじめは羽振りがよくとも後にダメになる例として挙げているが、その筆致にどこか冷ややかなものを感じるのは、事件が発覚するや李徽は事前に権臣の申叔舟《しんしゆくしゆう》に「密告」していたとして罪を免れようとしたこと（『世祖実録』二年丙子〔一四五六年〕七月己《き》卯《ぼう》の条）への反感があったかもしれない。

さて、このように政権奪取においては容赦ない残虐な一面を見せた世祖（在位一四五六～六八年）だったが、治世においては手腕を発揮し、徭役《ようえき》の軽減をはじめ、集賢殿を廃止する代わりに抜英試《ばつえいし》や登俊試《とうしゆんし》（王族や宰相以下すべての官僚が受験でき、合格者は官職を昇階させた）を実施して人材の登用につとめるなど、人心掌握と国政に腐心した。

文化面では『国朝宝鑑』（歴代国王の模範的な治績を編年体で収録した史書）や『東国通鑑』（檀君《だんくん》・箕子《きし》の古朝鮮から高麗末までを編年体で記した史書。徐居正《じよきよせい》ら編纂《へんさん》）などの朝鮮史書を完成させ、朝鮮王朝の代表的な法典となった『経国大典』の編纂にも着手している。また、熱心な仏教信者であった世祖は即位後すぐに刊経都監（書籍を刊行するための臨時の部署）をおき、自ら筆を揮《ふる》ってハングル訳に取り組んだ『楞厳経諺解《りようごんきようげんかい》』をはじめとする数多くの仏教経典を刊行させた。韓国国宝第二号の石塔で知られるソウルのタプコル公園（旧パコダ公園）は世祖が建立させた円覚寺の寺跡で、近代期にイギリス人によって庭園化され、そののち韓国初の公園となったものである。

このように、内政に治績のあった世祖であるが、その強圧政治に対する反発もあった。一四六七年、過酷な施策に苦しめられた咸吉道《ハムギルド》（朝鮮北部。現在は咸鏡道《ハムギョンド》）の民衆の不満に乗じた豪族の李施愛《りしあい》が大規模な反乱を起こす。李施愛は権臣の韓明澮《かんめいかい》や申叔舟らが内通していると告発したため、二人が一時身柄を拘束されるなど、政権内部にも動揺をきたした。

そこで世祖は亀城君（世宗の孫）や南怡《なんい》（太宗の外孫）らなどの王族を起用して鎮圧に成功するが、そのことが勲臣と王族らの対立を生み、翌年には南怡の反乱が起きることとなった。朝野の人望篤《あつ》かった亀城君も九代の成宗《せいそう》が即位するや、王位を脅かすものと危険視され、流配に処されている（一四七〇年）。

八代睿宗《えいそう》は世祖の次男だったが、病弱で在位一年あまりで亡くなり、その子息も幼かったため（これが第三章で述べた例の「バカ殿」斉安君である）、そこで大妃の貞熹王后尹《ていきおうこういん》氏（世祖の正室。世祖の政権簒奪において、躊躇《ためら》う夫に決起を促したことで知られる）は世祖の早逝した長子の懿敬《いけい》世子（のちに徳宗《とくそう》と追贈）の次男に後を託した。これが九代成宗（在位一四六九～九四年）である。貞熹王后が長男の月山《がつさん》大君をさしおいて、次男を選んだのは成宗の正室の恭恵《きょうけい》王后韓氏が権臣の韓明澮の次女であり、また、まだ幼い成宗を王にすれば、自ら垂簾《すいれん》聴政《ちょうせい》を行う期間が長くなることをよしとしたからだともいわれる。

こうして十二歳で王位についた成宗は初めこそ勲臣や王后らの制約を受けたが、実権を握った一四七六年以降は、院相制度（元老大臣らが国政の重要な決定に参加するもの）を廃止し、任士洪（その二人の子息は睿宗と成宗の娘婿）や柳子光（庶子出身。李施愛の乱鎮圧に従事したあと、南怡の反乱を誣告《ぶこく》して勲臣となった）ら功臣たちを流配にして遠ざける。その一方で、金宗直《きんそうちょく》（一四三一～九二年。嶺南《れいなん》学派の祖）ら新進の士林勢力を多く登用して王権の基盤を固めようとするが、これがのちに新たな政争を生む火種となった。

さて、成宗はその抑仏崇儒政策に見られるように、士林勢力を登用して学芸の発展に力を注いだ。成均館《せいきんかん》の物資補給機関である養賢庫に土地と奴婢《ぬひ》を与えて充実させ、大司成の李克己や韓明澮の建言によって典祀《てんし》庁や尊経閣を設けたのもその一環である。この時、成俔も享官庁の設立を建言したことは前に触れた。また、地理書の『東国輿地《よち》勝覧』や『東文選《とうもんぜん》』などの名著を編纂させ、また数多くの中国書籍を印刷刊行させている。

成宗代は大きな政乱もなく、文運興隆した「太平盛代」ではあったものの、その一方で栗谷《りつこく》李珥《りじ》（一五三六～八四年）が朝鮮王朝歴代の治世を論評した「東湖問答」（『栗谷全書』巻十五）で、成宗の時代を「富国の大臣は庸鄙《ようひ》にして無識……、国事を以《もつ》て念とせず、蕩然《とうぜん》と意を遊戯に恣《ほしいまま》にし、放恣を楽しんで拘検を憚《はばか》る……」と厳しく批判したように、風紀の乱れには甚だしいものがあった。『慵斎』巻七には成宗昇遐《しょうか》の日にも憚ることなく城中の士大夫巨族らが婚姻をあげ、のちに罰せられた記事が見えるが、それも紀綱の緩みの一端といえよう。

その背景には酒色を好んだ成宗自身の資質も影響していたかもしれない。成宗が酒宴を好んだことは『五山説林』をはじめとする諸書に見えるし、また、女色にも通じていたことは先に述べた。しかし、やがてそのことが朝野を揺るがす大事件をもたらすことになる。正室の恭恵王后韓氏が亡くなった翌年（一四七四年）、成宗は寵愛《ちょうあい》していた後宮の尹氏を王妃に迎えるが、尹氏は成宗の好色ぶりに耐えられなかったのか、他の後宮の女性らに毒薬の砒素《ひそ》を盛ろうとしたことが発覚して廃妃されたのち、さらに呪詛《じゅそ》疑惑まで発覚したため、ついに王から下された賜薬（毒薬）で自決させられてしまうのである。

幼かった王子の㦕《りゅう》は実母尹氏について何も知らぬまま育てられ、七歳で世子となり、一四九四年成宗の死去に伴って即位、第十代の王となる。これが朝鮮王朝きっての暴君といわれる燕山君である。特に悪女張緑水に溺れ、常軌を逸した行動を繰り返したことは第三章でも触れた。『慵斎』には燕山君関連の記事は殆《ほとん》ど見られないが、実は一四七九年四十一歳の時、大司成の職にあった成俔は尹氏問題に際し、廃妃することを司憲府大司憲らとともに奏上しており、これが後に災いを招く。彼の死後数ヶ月にして起きた甲子士禍（一五〇四年）は、生母尹妃の悲劇を知った燕山君が母を陥れた者たちをその家族まで含め、次々に残忍な刑に処したものだが、成俔は権臣らの韓明澮らとともに剖棺斬屍《ざんし》、つまり棺《ひつぎ》から引き出した遺骸を斬るという恥辱に遭うのである。

（二）生涯の概略

成俔、字は磬叔《けいしゅく》、号は慵斎・浮休子・虚白堂など。その生涯を官界での主なキャリアを中心に年譜式に示せば次のとおり。なお、年齢は数え年、国王の在位年は即位年称元法（即位年を元年とするもの）によった。通常、国王の在位年は前王薨御の翌年からカウントする踰年《ゆねん》称元法を用いるが、例えば、革命や政権奪取が起きたり、廃君が出たりするとただちに元年と称するのを常とする。そのため時おり混乱が生じることがあり、干支《えと》に注意すべきとは今西龍も説くところである（今西龍「朝鮮に於ける国王在位の称元法」『高麗及李朝史研究』所収）。

一四三九年　世宗二十一年　一歳　成念祖と順興安氏のあいだに三男として誕生。

一四四八年　世宗三十年　十歳　父の成念祖が松都（開城《ケソン》）留守として赴任するのに伴い、松都に赴く。

一四五〇年　世宗三十二年　十二歳　父の成念祖死去す。兄らとともに廬墓《ろぼ》し、長兄の成任《せいにん》から学業を受ける。

一四五六年　世祖二年　十八歳　次兄の成侃死去す。

一四五九年　世祖五年　二十一歳　進士科に及第。

一四六一年　世祖七年　二十三歳　世祖が四学の儒生五百六十余人を集め、西北地域への移住民政策を問うた時、成俔がもっとも早く策文を提出したので褒章され（『世祖実録』七年辛巳《しんし》一月二十四日乙丑《いっちゅう》の条）、これにより式年会試（三年に一度、定期的に行われる科挙）を受けることを許される。この時、兄の成任は都承旨であった（同前。一月二十五日丙寅《へいいん》の条）。

一四六二年　世祖八年　二十四歳　式年文科に三等で及第、承文院（外交文書を司《つかさど》る官庁）に入る。

一四六三年　世祖九年　二十五歳　芸文館（官吏の辞令書作成を司る官庁）の検閲（正九品）となり、春秋館（時政の記録を司る官庁）の記事官や弘文館（経籍・文翰《ぶんかん》・経筵《けいえん》を管理し、国王への諮問を司る官庁）の正字（正九品）を兼ねた。

一四六五年　世祖十一年　二十七歳　侍教（正八品）に昇進。

一四六六年　世祖十二年　二十八歳　二月に司録（議政府で実務を担当する下級官吏）。五月に抜英試に登科して承議郎（正六品）となる。七月に奉教（芸文館に属する正七品）・承文院（交隣文書を司る官庁）博士（経書を主にし、古今の学問に関する教育・校勘《こうかん》などの補佐。正七品）に昇進。

一四六八年　睿宗即位年　三十歳　経筵官に選ばれる。

一四六九年　成宗即位年　三十一歳　閏《うるう》二月に芸文館の応教（従五品）、承文院の副校理（校理は書籍の正誤調査を任務とする。従五品）、七月に侍講院（王や世子などの御前で経書の講学と侍衛を司る官庁）の司経（世子官属の侍講官。正六品）。九月に母が死去。十一月に睿宗が崩御、成宗即位。

一四七一年　成宗二年　三十三歳　母の喪を終えたのち、芸文館の修撰《しゅうせん》（正六品）・承文院の校検（正六品）となる。漢訓質正官（言語の音韻に関する疑問などを中国に問いただす臨時の官）として、兄の成任に随行して北京に赴き、紀行文『観光録』を著す。

一四七二年　成宗三年　三十四歳　壬辰《じんしん》。九月、再び兄の成任に従い、北京を訪れる。

一四七三年　成宗四年　三十五歳　芸文館の副校理・経筵侍読官・承文院の校理。

一四七四年　成宗五年　三十六歳　司憲府（官吏の不正や風紀の維持などを司る官庁）の持平（正五品）となるも、漢城府（ソウルの行政・司法を司る官庁）の判官（従五品）に左遷。その後、成均館の直講（正五品）に任ぜられた。

一四七五年　成宗六年　三十七歳　権臣の韓明澮に随行し、北京を訪れる。十月に掌楽院（宮中の楽歌や声律の校閲を司る官庁）の僉正《せんせい》（従四品）となる。

一四七六年　成宗七年　三十八歳　二月に芸文館校理。四月に文科重試（十年に一度実施。堂下官を正三品以上の堂上官に昇進させるためのもの）に及第。司饔院《しよういん》正（司擁院は国王や賓客の飲食物を司る官庁）、知製教（国王の教書執筆が任務）、および承文院の参校（従三品）を兼ねる。

一四七八年　成宗九年　四十歳　二月に承文院の判校（正三品、堂下官）、六月に弘文館の直提学（正三品、堂下官）となり、経筵侍講官などを兼ねる。九月に弘文館の副提学（正三品、堂上

一四七九年　成宗十年　四十一歳
官）に昇進。
司諫院《しかんいん》の大司諫（司諫院の首職。正三品）・大司成（成均館の首職。正三品）となる。六月、燕山君の生母尹氏を廃妃することを司憲府大司憲らとともに奏上（これが後の禍《わざわい》を招く）。

一四八〇年　成宗十一年　四十二歳
正月に弘文館副提学、四月に承政院（王命の出納を司る官庁）副承旨・右承旨（正三品）を拝す。

一四八一年　成宗十二年　四十三歳
天使（中国皇帝の使者）である鄭周《ていしゅう》への応対に不手際があった件に連座して罷職される。十一月、蔡寿《さいじゅ》とともに関東に遊覧に出る。

一四八二年　成宗十三年　四十四歳
折衝将軍（正三品、堂上官）・忠武衛護（中央軍事組織である五衛の一つ）将軍になる。三月に掌令院（奴隷の籍簿と決訟を司る官庁）判決事（掌令院の首職。正三品）、八月に工曹（山沢・工匠・営繕・陶冶に関する事務を司る官庁）参議（正三品）。

一四八三年　成宗十四年　四十五歳
二月に再び右承旨。十月に嘉善大夫（従二品）、刑曹

一四八四年　成宗十五年　四十六歳　参判（従二品）。十一月に江原道《カンウォンド》観察使。
嘉善大夫同知中枢院府事（従二品）となる。八月、成任が死去。
一四八五年　成宗十六年　四十七歳　春に千秋使（中国皇太子の誕生日である千秋節を祝うための使節）として訪中。十一月に漢城府右尹《うい ん》（従二品）。
一四八六年　成宗十七年　四十八歳　二月、平安道《ピョンアンド》観察使・兼平壌《ピョンヤン》府尹。
一四八七年　成宗十八年　四十九歳　第四子の世安が夭折《ようせつ》する。
一四八八年　成宗十九年　五十歳　二月、天使の董越《とうえつ》・王敞《おうしょう》を歓待。三月に中枢院府事を拝し、七月に謝恩使として北京訪問。
一四八九年　成宗二十年　五十一歳　六月、成均館大司成。
一四九一年　成宗二十二年　五十三歳　三月、兼同知成均館事・春秋館事（施政の記録を司る官庁）。
一四九三年　成宗二十四年　五十五歳　閏五月、司憲大司成。七月、慶尚道《キョンサンド》観察使に任じられるも、音楽の造詣深く、掌楽院提調を兼ねる成俔が外職に赴任しては不便であるとして、わずか一ヶ月で礼曹判書兼同知春秋館に任じられ、『楽学軌範』の編纂に尽力する。十一月、兼世子右賓客。

一四九四年　成宗二十五年　五十六歳　十二月、成宗の昇遐により殯殿《ひんでん》都監（国葬の時、王族の棺を置く殯殿を管掌する機関）の提調（正二品）。

一四九五年　燕山君元年　五十七歳　五月、礼曹判書。

一四九六年　燕山君二年　五十八歳　十二月、知中枢府事。

一四九七年　燕山君三年　五十九歳　正月、正憲大夫（正二品）。九月、漢城府判尹兼同知経筵事、および芸文館・弘文館提学。

一四九八年　燕山君四年　六十歳　八月、兼同知敬遠事。戊午史禍（勲旧派による士林勢力の粛清）起きる。

一四九九年　燕山君五年　六十一歳　文芸試官になる。この頃『慵斎叢話』完成。

一五〇〇年　燕山君六年　六十二歳　正月に工曹判書。七月に兼弘文館・芸文館大提学。知成均館・春秋館事。九月に大司憲。

一五〇一年　燕山君七年　六十三歳　八月、中枢府事。十月、疾患に臥す。

一五〇二年　燕山君八年　六十四歳　五月、兼観象監提調。

一五〇四年　燕山君十年　六十六歳　正月十九日死去。三月甲子士禍始まる。

些《いささ》か無味乾燥に過ぎるのを承知で、成俔の職歴を書き抜いてみた。ここに挙げたのは、「虚白堂先生文載成公行状」（『虚白堂集』所収）と洪順錫『成俔文学研究』付録の「成俔年譜」を参考にしたものであり、『朝鮮王朝実録』記載の成俔関連記事を丹念に拾い上げればさらに増えよう。それにしても夥《おびただ》しい職位の数々である。およそ朝鮮士大夫が一生のあいだにどれほどの官職を経るのか、統計的な研究は寡聞にして知らないが、成俔のような立身出世コースを歩んだ士大夫としてはおそらく例外ではなかったはずだ。

とはいえ、それらを眺めているだけでは、成俔が日々の暮らしで何を見聞し、どのように感じていたのかはわからない。その「空白」を埋めるものこそが『慵斎叢話』の世界であるわけだが、以下、さまざまなトピック別に成俔の人となりと彼が生きた朝鮮社会を垣間《かいま》見ることにしよう。

（三）天使——中国なるものとの桎梏《しっこく》

略歴で見たように、成俔は名門士大夫として生き抜いたのであり、キャリア官僚としても並々ならぬ経験を積んでいた。その中からいくつかのトピックを拾ってみよう。

高麗と明《みん》との朝貢関係を引き継いだ朝鮮王朝でも、変わることなく中国は朝鮮文化の価値基準だった。朝鮮にとって中国皇帝の遣わした使者である天使はまさに「歩く文化規範」であり、応対の場に陪席し、彼らと漢詩文を応酬することは朝鮮士大夫にとって己の文才を発揮するのにまたとない機会だったことはいうまでもない。「天使のわが国に至る者、みな中華の名士なり」(『慵斎』巻一)との文言にその高揚感が見て取れよう。

しかし、その一方で天使に対する評価には常に憧憬と批判という二律相反する感情が交差していた。世宗三十年(一四五〇年)に朝鮮を訪れた倪謙《げいけん》の詩作をめぐり、はじめは「真に迂腐《うふ》教官の作すところ」と罵倒してやまなかった集賢殿の儒生たちが、のちにその実力を知るや、忽《たちま》ち「覚えず膝を屈」したという記述(同前)にもそのことがうかがえる。

天使への反発は文筆世界にのみ止《とど》まるものではない。迎接の手違いから、朝鮮国王が風吹きすさぶ屋外で待たされた無礼に怒ったり、本国での評価を気にするあまり自己宣伝臭の強い言動を繰り返すだけで、「文雅のこと」に無頓着な一部の天使に対する嘲笑には(ともに同前)、国交の場における両国の軋轢《あつれき》が垣間見えよう。その背景には古くからの経緯があるものの、詳細に触れる余裕は無い。いま朝鮮時代初期に限っていえば、職権をかさに私服を肥やそうとする天使と、それにつけ込んで少しでも交渉を有利に運ぼうとする朝鮮側とのさまざまな駆け引きは『王朝実録』のそこかしこに散見される。例えば、朝鮮の妓生《キーセン》に溺れたため本国で批判されたことを気に病み、自殺未遂事件を起こしたあげく、「自分は朝鮮で死んだことにしてくれ」と太宗に泣きついた陸顒《りくぎょう》のような人物がその最たるものだろう（『太宗実録』元年辛巳〔一四〇一年〕三月甲申の条など）。

『慵斎』にはそのような外交の暗部に及ぶ記述はないものの、代わりに成俔自らが天使を平壌に案内した時の次のようなエピソードが綴《つづ》られている。

――古来、平壌は始祖神檀君のあとを継いだ箕子が治めた箕子朝鮮の都であったとされ、その「井田《せいでん》法」の跡と称されるものが朝鮮時代にも伝えられていた。天使がそれを見学したあとに村々を巡ると、風雅な管弦の音が聞こえる。不思議に思った天使の問いに、成俔はさも得意げに「箕子蒞《り》位《い》のあと、遺風未《いま》だ殄《つ》きず」と答えた。それを聞いた天使は「真に礼儀の邦なり」と感嘆してやまなかった。しかし、それは成俔が事前に楽人を手配しておいたものだったのである（『慵斎』巻一）。

古代中国の聖人である箕子が朝鮮に渡ったという伝承（『三国遺事』巻一）を逆手に取り、天使の文化的優越感をくすぐりながら、まんまと担いだわけだが、成俔のこのような茶目っ気は彼の若年の頃から見られるものだった。

親しい友人である李陸（一四三八～九八年。『青坡《せいは》劇談』の著者）とともに読書に励んでいるとき、眠気払いに隣家に植えてあったリンゴでも食べようと訪ねたものの、門は閉じられたままで誰もおらず、俄《にわ》か雨《あめ》には降られるしで頭にきた二人は門外に繋《つな》いであった馬を勝手に乗り回して放置した。翌日、馬を失った隣家の主人が気落ちしているのを見て、何くわぬ顔で事情を尋ねていると当の馬の嘶《な》き声《ごえ》が聞こえ、事情が判明して一同大笑いとなったのだった（『慵斎』巻二）。

また、海苔《のり》と称して崇礼門（南大門）そばにあった蓮池《はすいけ》の水苔《みずごけ》を友人に食べさせて下痢させたり、庭の青虫を紙に包んで贈り物にし、それを寝室で開けてみた友人夫婦を驚かせたりと、少々質《たち》の悪いイタズラもやっている（『慵斎』巻八）。

友人知人間のみならず、天使の迎接というような、ともすれば国家間のプライドがせめぎあう場での成俔の振る舞いは華夷《かい》秩序さえ揶揄《からか》うことを辞さない「ユーモア」感覚の産物だっただろう。とはいえ、中朝の違いを論じた箇所では、朝鮮人は疑い深く人を信じないのに中国人は純厚で疑うことがないとか、朝鮮人は軽佻《けいちょう》で下の者が上の者を畏れないので乱れやすいが、中国では秩序が保たれ、皆よく法を守る（『慵斎』巻九）などと些《いささ》か事大主義に過ぎる断定を下していることからもわかるように、成俔も十五世紀朝鮮士大夫という時代的制約を免れていたわけではなかった。朴齊家《ぼくせいか》（一七五〇～一八〇五年）は同時代の朝鮮人が「正に一胡字を以て天下を抹殺し」（異民族に支配された中国を全て夷狄《いてき》視し）、もし自分が、「中国の学問や文章家には李退渓や崔岦《さいりゅう》（一五三九～一六一二年）の如きものが、また名筆には韓濩《かんかく》（一五四三〜一六〇五年）より勝るものがいると言えば、怫然と色をなして、そんなことがあるはずがないと怒る」ことを述べている（『北学議』「北学辨」）。蓋し、成俔から朴齊家に至る三百年のあいだに朝鮮士大夫の精神世界に起きた変動を雄弁に語って余りあるといえよう。このように、彼らが文化的自己卑下から脱するには、明を滅ぼして中原を支配した清《しん》という非漢族征服王朝の成立を待たねばならなかったのである。

（四）宮中風俗、および士大夫世界について

『慵斎』は朝鮮時代初期の宮中や民間風俗の記録としても知られる。観象監（天文・暦書・刻漏などを担当した官庁）が司り、昌徳宮《しょうとくきゅう》や昌慶宮の庭で行われた駆儺《くだ》（鬼やらい）の儀式（『慵斎』巻一）や、新羅《しらぎ》の憲康王《けんこうおう》（在位八七五〜八六年）以来の伝承をもつ処容舞、それに観火（花火）など、古い来歴を誇る宮廷儀式の式次第を目に浮かぶように活写している（同前）。この他にも薬飯（蜂蜜《はちみつ》・胡麻油《ごまあぶら》・棗《なつめ》などで味付けしたおこわ）の起源に対する考察（同前。巻二）や、民間の年中行事の紹介（同前）なども興味深い。

成俔は散文のみならず、漢詩にもこれらの宮中風俗を詠《うた》い込んでいる（『虚白堂集』巻七「観儺」「観火」、同巻九「處容」など）。それらは高麗末に活躍した牧隠李穡《りしょく》以来の「国俗詩」

（朝鮮の風俗を題材とした作品）の系譜に連なるもので、そこには事大意識に対抗し、自主性を鼓吹する狙いがあったとされる。しかし成俔の場合、やはり「世俗」そのものをありのままに描くことへの関心が高かったに違いない。でなければ、次に述べる「新人いじめ」のような士大夫世界内部の「恥部」まであからさまに描くことは無かったはずだからである。

司憲府の正六品である監察では、新入りの官吏に服を着たまま池の中に入らせて魚を取らせたり、あるいは厨房《ちゆうぼう》の煤《すす》だらけの壁で蜘蛛《くも》を捕らえる真似《まね》をさせ、煤で汚れた手を洗わせてからその水を飲ませる、というような度の過ぎた悪ふざけがあったことを記している（『慵斎』巻一）。このような新人いじめは監察だけでなく、三館（弘文館・芸文館・校書館）や春秋館でもあったことを再三述べ（同前。巻二、巻四）、中には朴以昌（?〜一四五一年）のように、いじめに堂々と反抗して話題になった者もいたという（同前。巻四）。

李瀷《りよく》（一六八一〜一七六三年）の「侵戯新来」（『星湖僿説類選《せいこさいせつ》』四上）によれば、科挙の不正が横行した高麗末、まだ乳臭さも取れない貴顕の子弟が及第し、「紅粉榜人《ぼうじん》」（榜とは科挙合格者の掲示のこと）と呼ばれた。彼らは家門の威勢をたてに先輩を蔑《ないがし》ろにしがちで、その鼻柱を折るためにこのような風習が生まれたとされる。また、李圭景《りけいけい》（一七八八〜一八五六年?）の「新来弁証説」（『五洲衍文長箋散稿』巻四十）には足を骨折したり、甚だしくは落命するケースもあり、「悪弊」としてたびたび禁令が出されたものの、朝鮮末期に至るまで遂《つい》に無くなることはなかったというから呆《あき》れる他ない。

(五)自然への観察眼――森羅万象への関心

風俗記録に発揮された描写力は成俔の優れた観察眼の産物であるが、自然現象や各地の産物や科学技術に対する考察においても同様に発揮された。それは徐居正の『筆苑雑記《ひつえんざっき》』や李陸の『青坡劇談』など、同時代の随筆集には殆《ほとん》ど見られない、『慵斎』独自の特性といえるだろう。

自然現象に対する成俔の解釈の一つに潮の干満に関するものがある。「潮の往来に常あり。朝曰く潮、夕曰汐」とその規則性を述べたあと、越・閩《びん》・遼東《りょうとう》・遼瀋《りょうしん》(ベトナム・カンボジアや中国東北部)の境や朝鮮半島の南西部では潮の干満があるのに、東海(日本海)ではないといい、その原因について三つの説を紹介する。

一つめは「南方は体柔にして用強、故《ゆえ》に潮あり。北方は体強にして用柔。故に潮なし」と士大夫らしく朱子学の体用論(体=本質、用=働きの意)をあげている。二つめは、潮の源は中国なので、中国から近い西海(東シナ海)には潮があるが、遠い東海には潮がないとするもの。三つめは、潮の源を扶桑《ふそう》(東方の大海中にある想像上の仙界を指すものだろう)だとし、潮は倭国《わこく》を過ぎると西に向き、大陸に至ると南下してしまうため、その内側にある東海には潮がないとする（『慵斎』巻七）。

海である以上は潮の干満が無いわけがない。ここでいう東海無潮説とは先にも触れたように、水深の浅い西海（平均水深四十四メートル）とは異なり、深い東海（同・千三百六十一メートル）では潮の干満の差が著しく小さい現象を指すもので、松浦《まつら》静山の『甲子夜話《かっしやわ》』巻三で「佐渡の海は潮汐の進退と云ことなし」とするのも同じ現象だと思われる。

そもそも潮の干満については、漢の王充《おうじゅう》（二七〜一〇〇年）の『論衡《ろんこう》』をはじめ、古代から中国では盛んな議論があり、月の満ち欠けによる影響も知られていた（J・ニーダム『中国の科学と文明』五「天の科学」）。とはいえ、中国人が東海の干満について知るはずもなく、それがかえって朝鮮の文人らを刺激したのか、成俔以降、韓百謙（一五五二〜一六一五年）の『東国地理誌』から朝鮮後期の天才学者丁若鏞《ていじゃくよう》（一七六二〜一八三六年）の「海潮論」（『與猶《よゆう》堂《どう》全書』巻十一）に至るまで少なからぬ論考が書かれているが、詳細については割愛する。

成俔が何によってこのような潮の干満に関する諸説を知りえたのかは不明だが、「中朝知らず」と述べているので、中国から得たものでないことは確かだろう。それに対し、温泉について論じた箇所では逆に宋《そう》の唐庚《とうこう》（字は子西、『宋史』巻四百四十三に簡単な伝がある）の説をあげたうえで、温泉が湧出するのは地性が酷烈なためでも、硫黄《いおう》が含まれているためでもなく（水に硫黄を入れても熱くならないから）、「吾《わ》れ（唐庚）意《おも》うに、温泉は天地の間にありておのずから一類をなし、性の本然を受く……」とこれまた士大夫らしく性の本然論を引用している（『慵斎』巻九）。

温泉原理に続けて、朝鮮八道各地の温泉についても言及し、北に行けば行くほど湯が熱くなるとするが、成俔の観察眼は抽象から具象に向かう時、より精彩を帯びるようだ。都市近郊で栽培される各種の農産物を論じた文にそのことがよく表れている（同前。巻七）。

また、人に大豆と小豆の花の色を問えば、皆その豆の色に捉われて大豆は黄色で小豆は赤だと答えるだろうが、実はその逆で凡《およ》そ世間の人の「臆を以て事を見るは多くこれに類せり」という言葉には成俔の面目躍如たるものだろう（同前。巻八）。ニワトリと雉《きじ》、羊と羚《かもしか》、牡丹《ぼたん》と芍薬《しゃくやく》など類似するものを並べたモノづくし（同前。巻七）もこれに属する。

また、一三七七年に印刷された『直指心体要節』（フランス国立図書館所蔵）はグーテンベルグ聖書（一四五五年）より七十八年も先行することからもわかるように、朝鮮は古来、金属活字印刷が発達していた。『慵斎』巻七には「まず黄楊木に諸《もろもろ》の字を刻み、海蒲軟泥《かいほなんでい》（干潟の砂泥）を印板に平たく鋪《し》き、木刻字を泥中に印着すればそこが凹んで字となる。両《ふた》つの印板を合わせ、溶けた銅を穴から流し込めば流液が凹んだ所に入って一つ一つの字となり、その重複したところを剔《えぐ》って整える……」と具体的にその製法を記しているが、これは唯一の朝鮮金属活字鋳造法の記録であり、「十五世紀の朝鮮学者が……こんなに生き生きと記録したのは全く異例なことである」（全相運『韓国科学史』）と今も高く評価されている。これも成俔の旺盛な知的好奇心と緻密な観察眼の賜物であることは言うまでもない。このような成俔の森羅万象への好奇心はこの世ならざるものへも向かっていた。次にそれを見てみよう。

（六）怪力乱神への関心――姻戚のネットワークの中で

第五章で触れたように、成俔の父である成念祖は安従約の娘を妻とし、成俔を儲《もう》けたが、この安従約はまた高麗の名臣安珦《あんゆう》を五代祖と仰ぐ順興安氏の出であり、鄭良生（東萊鄭氏）の娘を娶《めと》っている。これらの姻戚関係から成俔はさまざまな伝承を聞かされているが、その中に怪奇譚《たん》があるのが目を引く。

――外舅《がいきゆう》の安公が林川（扶余《ふよ》）の守だったときのこと。普光寺の僧が密《ひそ》かに女と関係をもっていたが、やがて僧は死ぬと蛇に姿を変え、昼は甕《かめ》に隠れて夜になると女と同衾《どうきん》する。この怪事を知った安公は一計を案じ、女に言い含め蛇となった僧をおびき出して箱の中に封じ込めると、読経の声とともに川に流した。それ以降、僧は二度と女の前に姿を見せることはなくなったのである（『慵斎』巻五）。

この外舅安公は性正直にして威毅、射術にも秀でた人物だったが、また「能《よ》く鬼形を見る」

という異能の持ち主でもあり、同じく林川の守だった時に怪しげな鬼神の類いを退治した話も記されている（同前。巻三）。成俔が誰から聞いたか記述はないものの、姻戚である安氏ゆかりの者から得た話であることは間違いないだろう。次に示すのはもう一つの外戚である鄭氏（母方の祖母、鄭良生の娘）の家で起きた怪事である。

——外姑《がいこ》の鄭氏が生まれ育った楊州の家の小婢に鬼神が取り憑《つ》き、数年のあいだ去らなかった。この鬼神は人の吉凶禍福をよく予知し、失《う》せもののありかや人の秘めごとなども見事に言い当てるので、一家の人々は隠し事をしなくなり、鬼神を畏れ敬うのだった。ところが、どういうわけか、この鬼神は相国の鄭矩（鄭良生の子）を恐れ避けようとする。そこで鄭矩が鬼神が人の世界に交わることの不可を説いて戒めると、鬼神は自分は幸いを増しこそすれ、災厄をもたらしたことはないと抗弁したものの、聞き入れてもらえず、泣く泣く出て行ったのだった（同前。巻三）。

この話の末尾には「吾《われ》、これを大夫人に聞けり」とあるので、成俔自身が母から聞いたことは明白で、その母はまた自分の母、つまり安従約に嫁いだ鄭良生の娘から聞いたものと思われる。この他にも外姑の鄭氏筋からとおぼしい話はいくつもあるが、それは割愛しよう。

（七）成倪の見聞譚と神秘体験

さて、このような怪異譚に幼い頃から親しんでいた成倪はやがて長じると、自ら神秘体験を身近に見聞するようになる。

――隣居する宰枢の奇は名賢として知られ、その孫の奇裕と成倪は竹馬の友だった。やがて、祖父の奇は亡くなり、成倪と奇裕は仕官するようになった。ところが、奇裕の邸で次のような凶事が起きるようになったのである。

ある日、童僕が門外に立っていると、鬼神に取り憑かれてしまい、それからというもの、飯を炊けば釜の中は糞《くそ》で一杯になり、飯は庭中に撒《ま》き散らされる。それどころか、盤は空中を飛び、大釜はひとりで打ち鳴らされ、畑の野菜はみな引き抜かれ逆さに植えられるというありさま。あまりのことにみな邸を出、数年が経《た》った。奇裕はこのままでは先祖に申し訳なく、また士大夫たるものが鬼神などを恐れてなるものかと、勇を鼓して邸に戻ることにした。しかし、また人の顔に糞が塗られるなどの怪事が繰り返される。そこで奇裕が鬼神を叱りつけたところ、中空から「奇都事、敢《あ》えてかくの如《ごと》くならんや」という鬼神の声が聞こえるのだった。それから幾ばくもなくして、奇裕は病のために亡くなってしまったのである（『慵斎』巻四）。

朝鮮のポルターガイスト現象ともいうべき奇怪な話であるが、この鬼神の正体について当時の人々は奇裕の表弟（父の姉妹の息子、または母の兄弟姉妹の息子で自分より年下のいとこを指す言葉）である柳継亮（『実録』では柳継良とする）の霊だと言いあったという。

李施愛《しあい》の乱（一四六七年）平定に功をあげた南怡《なんい》（一四四一〜六八年。太宗の四女の子息）がその翌年、睿宗が即位した時、夜空に現れた彗星《すいせい》を見て「古きものを捨て、新しきものが力を得る兆候だ」と語ったところ、日頃から対立していた柳子光から謀反を企てるものと讒言《ざんげん》され、一味と見なされた三十人あまりが処刑されるという事件があった。柳継亮はこの事件に連座し、斬殺された人物だが（『睿宗実録』即位年戊子《ぼし》（一四六八年）十月甲寅の条）、その柳継亮が何ゆえに奇裕一門に祟《たた》ったのかについて成俔は何も記していないものの、血なまぐさい政変劇が繰り返された朝廷の暗闇を垣間見せるものといえよう。

この話に続けて、成俔は戸曹正朗の李杜の家に起きた怪事を紹介している。

――十年も前に亡くなった叔姑（夫の叔母）が突然現れ、家のことを細かに指図し出した。この鬼神は自分の食べたいものを求め、意のままにならないと怒り出すという身勝手さ。腰から上は姿が見えず、下半身だけが人の目に映るが、腰を紙で作った裳（チマ＝スカート状の朝鮮服）で被い、痩せ細った二本の足は漆のように黒かった。あらゆるお祓《はら》いを試みたものの、効果はなく、まもなく李杜は病を得て亡くなってしまったのである（同前）。

どういう理由で身内に祟るのか、或《あ》いは叔姑というのは鬼神の嘘《うそ》だったかは知る由もないが、家事の諸般に口出しし、飯は食いたい放題で、足について問われると「死して久しく地下の人たれば、安《いず》んぞ是《か》くのごとからざるを得んや」と抗弁したというから不気味でもあり、またどこか滑稽でもある。

ここまで来ると、成俔自身にも何かありそうな気がするが、やはり期待に違わない。

――成俔が若い頃のことである。客を見送った帰り道、そぼ降る雨の中を馬に乗って歩んでいると、急に馬が泡を吹いて止まった。すると忽ち火のように熱いものが顔に触れ、たまらなくイヤな感じがする。ふと見ると、蓑笠《みのがさ》をつけた人らしいものが佇《たたず》んでいるではないか。身のたけは数十丈もあり、顔は盤のようで目は鋭く光っていた。ここで心を乱してはならじと、成俔が轡《たづな》を引いて馬を抑えていると、その怪物は天を仰ぐや次第に中空へと消えていったのだった（『慵斎』巻八）。

「信なり、心定まれば則《すなわ》ち恠《かい》入らず」と成俔は末尾で述べているものの、本当に気は確かだったのかといいたくなるほど不思議な体験ではある。このような見聞と体験は随筆の記述を超え、物語への傾斜、ひいては「創作」への扉を開く。

（八）物語への傾斜――安生の悲恋譚

――名門の生まれで成均館で学ぶ、士族の安生は早くに妻を亡くしていた。都の東に美女がいることを知ると贈り物をして納聘《のうへい》しようとしたものの、その家は裕福なうえ女は宰相の婢《はしため》でもあったので、断られてしまう。たまたま安生が病に臥せると、仲人が「思疾《こいわずらい》」だと女の親を脅し、ようやく婚姻できたのだった。

安生と女はともに若くて美しいうえ仲睦《なかむつ》まじく、誰もが羨むほど。その親もよき婿を得たと喜び、日々のもてなしに家財をつぎ込んだ。すると、他の婿らが嫉妬し、宰相に「新しい婿のために困窮している」と訴えたため、宰相は自分の許しを得もせず勝手な振る舞いをと怒り、荒くれ者の下人を遣って無理やり女を連れ去ると、宮中の奥深くに閉じ込めたのだった。そこで安生は舅《しゅうと》と金を出しあい、宮中の奴僕《ぬぼく》や門番に厚く賄いし、夜には宮中に忍び込んで女と会うことにしたが、やがて近くの小さな商家を手に入れると、二人の逢瀬《おうせ》の場としたのである。

ある日のこと、女が家から送ってきた赤い鞋《はきもの》を頻《しき》りに弄《いじ》っていたのを見た安生が「いい鞋《もの》履いて他人《だれか》を楽しませるつもりか」と戯《からか》うと、女は「誓いの言葉は今も皓《はっきり》と覚えていますのに、何をおっしゃるのです」と怒るや、身につけていた刀《はもの》でバラバラに裂いてしまった。安生は一層女を愛《いと》しく思い、それからは日暮れに訪れ、夜明けに戻る日々を送ったのである。しかし、それを知った宰相が怒し、女を他の伴人《おつきのもの》に嫁がせることにした。すると女は事ここに至っては已《や》むなしと欣然《きんぜん》と受け入れたので、親も婚具を整え祝いの宴《うたげ》に宮人らを招いたが、中には女の変心を憎む者もいた。その夜のこと、女は他の部屋に入ると自ら縊《い》死《し》したのである。

翌日、何も知らない安生のもとに小娘が訪ねてき、女の死を知らせたが、安生は信じない。逢引《あいびき》の家に行って見ると、部屋には床が延べてあり、女の遺骸が横たえられているではないか。安生は声を上げて慟哭《どうこく》し、四隣《まわり》ももらい泣きするのだった。ちょうど大雨が降って女の実家とも往来できず、安生は一人で喪具を備え朝夕に奠《まつ》り、夜は一睡もしなかったが、夜中にふと眠りに落ちた時、女が部屋に入って来た。その姿は生時と変わらず、声をかけようとして目覚めた安生の目には風にふるえる戸の破れ紙と、ぽつねんと明滅《またた》く灯火が映るのみ。悲しみ極まった安生は昏絶《こんぜつ》するのだった。

三日後、ようやく雨も晴れたので安生は月の夜道を本家に向かい、寿康宮（太宗の退位後の離宮。いまの昌慶宮にあった）の東門に差しかかった。すると、髷《まげ》を高く結って化粧を凝らした女が現れ、前後を行き来する。安生が見るに、咳払いやため息するさまは生時のまま。声を上げて走り出した安生が溝のそばまで来ると、女はその傍らに坐《すわ》っている。安生が振り返らず、家まで戻ると、また女は門の外に坐っているのだった。大声で下僕を呼ぶと、ようやく女は姿を消した。それから安生は心神朦朧《もうろう》とし、呆《ほう》けた如く狂った如きありさまで、ひと月後、女を埋葬すると幾ばくもなく死んでしまったのである（『慵斎』巻五）。

些か長めの要約となったが、原典の木版本（慶山大学校版）でも計五頁、八百字を超え、『慵斎』のなかでも長編の一つといえよう。また、内容的にも士族の青年が裕福とはいえ奴婢の娘を娶りながら、主人の宰相に仲を裂かれる悲恋譚であるのも興味深い。

奴婢なのに裕福とは、と怪訝《けげん》に思われるかもしれないので補足しておこう。朝鮮時代の奴婢はすべてが奴隷のような状態だったのではなく、奴婢ながらも家屋や土地などの「私有財産」を所有していたり、また奴婢が奴婢の主人である場合もあった。

後代のものだが、呉希文（一五三九〜一六一三年）の『瑣尾録《さびろく》』は、壬辰倭乱《じんしんわらん》勃発前の一五九一年十一月から九年三ヶ月のあいだ、一家眷属《けんぞく》を率いて各地を転々とした避難行の記録で、そこには仕事がきついといってはサボタージュや逃避行を繰り返したり、病気の親の見舞いだといっては「休暇」をとって帰省したりする者が頻出し、また片腕となって長く仕えた奴婢が死ぬと祭祀《さいし》を執り行って弔文まで書いてやるのみならず、遺産の処分まで面倒を見てやる士大夫の姿が生彩溢《あふ》れる筆致で描かれている。また、土地の売買文書には奴婢が契約の「証人」として署名することも珍しくなく、今日における奴婢のイメージとはかなり異なることに留意すべきだろう。

さらに意外なのは、この安生の悲恋譚は実話だったということだ。成俔と親しかった李陸の『青坡劇談』にも同じ話が見え、こちらは約二百字と『慵斎』の四分の一程度ながら、そこでは安生の名は安綸《あんりん》、女が仕えた宰相は駙馬《ふば》（国王の娘婿）の河城府院君と実名が記されている。

また、李陸は自分と同年の友であり、また安の中表兄弟（母方のいとこ）であった金紐《きんちゅう》（字は子固。一四三六〜九〇年）や、安の姨婿（同婿。つまり姉妹の夫同士、または兄弟の妻同士の呼称）である柳孝章（生没年未詳）からも、この悲恋譚について何度も聞いたと書いており、実話であることは確実である。

金紐は本書の「第三章（六）」で男女の道も知らないバカ息子に悩まされる人物だが、当時の風流人士として著名だったことを思えば、その信憑《しんぴょう》性はさらに増そう。また、河城府院君とは領議政の鄭麟趾《ていりんし》（一三九六〜一四七八年）の子息で、一四五五年世祖の娘である懿淑公主と婚姻した鄭顯祖《ていけんそ》（生没年未詳）を指すが、彼は一四七一年に河城府院君に封じられているので、安生の一件はそれ以降のものとなろう。

ここで気になるのは『慵斎』と『青坡』の叙述の違いである。『青坡』では人名のみならず女の住まいも楊州《ヤンジュ》（ソウルの東北、京畿道北部《キョンギド》）だと明記し、安に請われて妾《めかけ》となったため、怒った主人に連れ去られた女は、他の奴婢に嫁がされることを知るや、屋敷を抜け出して安のもとに奔《はし》り、死を以て誓う。

しかし、再び主人に捕らえられると絶望の末に縊死したのち、月の夜道を成均館から廣孝殿へと行く安の前に現れ、安が女の手を取って声をかけると忽ち姿を消してしまう。安は女が亡霊であることを知りながらも悲しみを募らせ、ついに病に倒れ、数年後に亡くなったとする。

一方、『慵斎』では物語の起承転結の設定が細やかなうえ、二人の「痴話げんか」のさまや亡霊となった女との遭遇シーンなど、まるで見てきたように描きこんでおり、物語もしくは小説化への傾斜が甚だしい（そこには長兄成任の影響があったことは言うまでもなかろう）。何より両者の違いは人物のキャラクター造型にある。

『青坡』では身分違いの愛に殉ずる娘と、亡霊と知りつつも変わらぬ安の誠実さが印象深いが、末尾で「古《いにしえ》の烈女といえども何を以て之《これ》に加えん」とあるように、李陸はあくまで女の貞節さを称賛することが目的だった。それに対し、『慵斎』では女が自死するまではともかく、亡霊になって現れた女に安生は声をかけるどころか、恐怖に襲われて逃げようとしており、最後は鬼神に取り殺されたかの如く心身を病んで死んでしまう。明らかに「心変わり」したと云《い》わざるを得ない。

一般的に、朝鮮時代の伝奇小説や恋愛モノでは権韠《ごんひつ》（一五六九〜一六一二年）の『周生伝』（明の士族周生が宰相の娘を見初め、邪魔になった昵懇《じっこん》の妓女を捨てたため女は自殺。娘との婚姻を目前にした周生は勃発した壬辰倭乱で朝鮮に派遣され、そこで己の過去を振り返って懊《おう》悩《のう》する話）を除き、登場人物のキャラクターの多くは才子佳人であり、善悪明白で単純かつ平板なことが多い。

しかし、『慵斎』の安生はそれとは異なる「リアリティー」を確保しており、その意味でも成俔の優れた文学的才能を反映するものといえよう。もし、成俔が安生の物語のような作品をあといくつか書き、作品集でも残していたなら、おそらく『金鰲新話《きんごうしんわ》』の金時習《きんじしゅう》に勝るとも劣らぬ存在として文学史に名を残したと思われるが、そうならなかったのが惜しまれる。

先に紹介した怪異譚や見聞譚、それにこの安生の物語からも知れるように、「怪力乱神を語らず」という儒教ドグマに忠実無比だったほど朝鮮士大夫の精神世界が単純で教条的だったわけではない。しかしながら、同時に決して鬼神のことを思うがままに語れた時代ではなかったことも確かである。なぜなら、成俔の死より七年後の一五一一年のことであるが、成俔と極めて親しかった年下の友人で、『慵斎』にもたびたび登場する蔡寿（字は耆之。一四四九〜一五一五年）は無実の罪で死んだ男の魂が他人の体に入り、自分の冤罪《えんざい》を訴え、また冥界での見聞を語る「薛公瓚還魂傳《せつこうさんかんこんでん》」（『中宗実録』では「薛公瓚傳」）を書いたために、政道を批判し風紀を乱す者と台諫《だいかん》から責められ、作品は没収のうえ焚書《ふんしょ》に処された筆禍事件も起きているからである。

この「薛公瓚還魂傳」は長らく名のみ伝わる幻の作品だったが、一九九七年に或《あ》る士大夫の日記の裏に筆写されていることが発見され、しかもハングル表記だったため、最古のハングル小説発見と大きな話題になった。まさに数百年の時を経て「還魂」したとでもいえようか。あの世の成俔が知ったならきっと微苦笑するに違いない。

おわりに　その後の成俔《せいけん》

最後に少しだけ補足して筆を擱《お》こう。『慵斎《ようさい》』は朝鮮儒者の随筆集の白眉として評価され、成俔の死後、朝鮮王朝末期に至るまでさまざまな文献にその名が見える。例えば、朝鮮野史集の集大成として知られる、李肯翊《りこうよく》（一七三六～一八〇〇年）の『燃藜室記述《ねんれいしつきじゅつ》』別集巻十四「文芸典故」の学門・文章・筆法の条では、『慵斎』巻一冒頭の記述がそっくりそのまま転載されている。朝鮮時代の人物月旦は党争などの影響で、立場によって毀誉褒貶《きよほうへん》著しく変わる場合が少なくないが、成俔の時代にはまだその弊害は生じておらず、それも相俟《あいま》って公平な評価として支持されたものだろう（その他、地理や温泉に関する記述の引用も少なくない）。

成俔が死後、暴君燕山君《えんざんくん》によって剖棺斬屍《ざんし》の恥辱に遭った件だが、臣下に推戴された晋城大君（成宗《せいそう》と継妃貞顕王后との子。のちの中宗《ちゅうそう》）らによるクーデター（一五〇六年の中宗反正）によって燕山君が追放されたのちに名誉が回復され、議政府左賛成に追贈されている。とはいえ、『慵斎』が文筆の世界で永らえたのとは対照的に、「去《さ》る者《もの》には日《ひ》に以《もっ》て疎《うと》く、来《きた》る者には日に以て親しむ」（『文選《もんぜん》』巻二十九古詩十九）、成俔本人の姿は時の中で薄れゆくばかりで、ただ説話の中で辛うじて面影をとどめるのみだった。

柳夢寅《りゅうぼういん》（一五五九〜一六二三年）の『於于野談《おうやだん》』には、若き日の成俔が異人と出会い、異人が食する血に浮く蝌蚪《かと》（おたまじゃくし）や小児の煮物に辟易するが、実はそれらは仙薬の紫芝や人参《にんじん》であり、異人は呂真人（呂洞賓《りょどうひん》。七九六年〜?。中国八仙人の一人）だったことを知るという話が見える（朝鮮後期の漢文説話集『青邱野談《せいきゅう》』にも類話あり）。先に見たように、身の丈数十丈もあろうかという怪人に遭遇した成俔であってみれば、呂洞賓と遭遇することも或《あ》いは可能だったかもしれない。

朴東亮《ぼくとうりょう》（一五六九〜一六二三年）は『寄斎雑記』巻三で、ある正月の夜、子息の成世昌のもとを訪ねた友人が、月光降りそそぐ満開の梅花のもとで、飄然《ひょうぜん》と白髪をなびかせながら短琴を巧みに奏でる成俔の姿を垣間見《かいま》て、「真仙（が下界に）下降」したものかと感嘆した話を記すが、おそらく晩年の成俔の姿を反映したものに違いないだろう（『慵斎』巻一には若い頃、成俔が友人らとともに琴を学んだとある）。

仙人の中には死後、棺《ひつぎ》を開けてみれば忽然《こつぜん》と姿を消していたという尸解仙《しかいせん》があるが、我らが成俔も剖棺斬屍の恥辱に遭う前にさっさと重苦しい下界の肉身を脱ぎ捨て、真仙となって天女の奏でる楽曲に身をゆだね、天上世界に遊んでいたものと思いたい。

あとがき

本書が世に出るまでの経緯を記しておきたい。編訳注『青邱野談』（平凡社東洋文庫　二〇〇〇年）の刊行後、暫くして新書の老舗として知られるT社から野談で書いてみないかとの話があった。私としては長らく手がけた野談には少なからず食傷気味で、何より「二番煎じ」は気が進まなかったこともあり、他の企画を逆提案した。それが『慵斎叢話』である。

『慵斎』との出会いは古い。八〇年代前半、韓国留学中に購入した『大東野乗』（民族文化推進会版）の冒頭に所収されており、また野談との関連を知る必要もあって早くから手に取っていた。原文は比較的平易な漢文なうえハングル訳付きでもあり（諸所に誤字・誤訳があるにしても）、親しみやすかったのは確かだ。しかも内容は森羅万象に及んで興味深く、読んで飽きないことは同時代の他の随筆集の追随を許さない。しかし、それが「曲者《くせもの》」だった。

九〇年代前半、内容整理のつもりで小論にまとめたものの、何とも言えぬ後味の悪さが残った。まるで指で名山の高さを量って悦に入る阿呆にでもなったように、おのれの非力さを痛烈に自覚させられたのである。野談なら説話学のハウツーに則って話型や語りの構造分析など、定型的な研究法に従っておけば一通りの成果もあげられよう。だが、『慵斎叢話』のような士大夫の随筆を腑分けするには、他の随筆集や野史・野乗のみならず名だたる士大夫の文集、また『朝鮮王朝実録』や各種の法典類、および博学の書に至るまで朝鮮時代を知るための基本文献に隈なく踏み入る必要が生じる。資料の入手さえままならぬ恵まれない研究環境にあった私には望むべくもないことだった。

しかし、九〇年代後半から急速に進んだ韓国社会のIT化は古典世界にも波及し、『実録』や『韓国文集叢刊』（士大夫の文集）数百巻など目ぼしい文献資料が瞬く間にデータベース化され、しかも無料で公開されるようになったのである。そこで「得たりやおう」とばかり、新書で『慵斎』をという逆提案に及び、捲土重来を目論むことにした。ところが、幸か不幸かそれから数年せずして、今度は平凡社東洋文庫から新たな企画が舞い込んだ。通常ならいつまでも原稿の完成を待つのが東洋文庫の習わしのはずだったが、案に相違して数年で仕上げよということ。そこで、やむなくこれに集中し、できたのが『洪吉童伝』（二〇一〇年）である。

本来ならここから『慵斎』に取り組み、数年後にはめでたく上梓するはずだったが、『洪吉童伝』刊行直前に妻が脳出血で急逝。加えて、母も以前から患っていた肝ガンが末期症状を呈するようになり、その看護に追われ到底仕事に専念できる状況ではなくなった。母の闘病は四度の手術を経て二〇一五年秋に他界するまで続き、看取ったあとは心身ともに疲弊しきったことは言うまでもない。それでも何とか気を取り直し、その間に少しずつ書き溜めていた原稿に手を入れなおし、ほぼ九割がた仕上げた段階でT社の編集者に送ることにした。長年にわたる不義理にも関わらず、編集担当だったY氏は喜んでくれたが、すでに新書を離れて単行本の部署に異動しているため、再確認してみるという。やがて返事が来たが、かつての韓流ブームのさなかとは違い、時事モノ以外はほとんど採算が取れず、今では出すのは難しいとのこと。Y氏は一度通した企画が潰れるのは申し訳ないし、出れば必ず評価されるはずだからと単行本での出版を考えてくれたが、それもやはり上司に拒まれた。そこで、やむなく他の旧知の出版社にもかけあってみたが、いずれも大同小異で、中にはご丁寧にも先に出された『情斎』関連書籍の芳しからぬ評判を上げ、ダメ押しをしてきた出版社もあった。表面的な紹介だけでは真価に届かないのも宜《むべ》なるかなだが、玉石混交の現状では如何ともしがたい。

それからまた月日が流れ、昨年のある日のこと。集英社から別の企画がもたらされ、説明のために編集スタッフが関西を訪ねて来るという。そのリーダーが落合勝人さんで、企画の打ち合わせを終えたあと雑談に移ったところ、「近頃どのような仕事をしているか」と問われたので、『情斎』のことを話すと是非その原稿を見せてほしい、可能ならうちで取り扱いたいとのこと。思いがけない展開に半信半疑で原稿を送ったところ、企画会議もパスし、あれよという間に出版が決まったのである。「瓢箪から駒」とは正にこのことだが、散々難航した挙句にほぼ命運尽きかけていた原稿を甦らせていただいた落合氏には感謝の言葉もない。また編集の仕上げを担当していただいた東田健さんにも謝意を表しておく。

先にも縷々述べたように、私としては生涯でもっとも苦しい時期に本書のような諧謔とユーモアに満ちた原稿を書き続けるのは何とも不可思議な経験だったが、或いはそれによって辛うじて精神の均衡を保ち得ていたのかも知れない。士大夫らの日常も決して安穏とした時ばかりでなく、いつ非常事態に陥るかも知れぬ緊張が潜んでいたはずで、そのことに思い至ったのもささやかな「個人的な体験」の賜物だったとするなら、以て瞑すべしだろう。

若い頃はたとえエベレストは無理でも白頭山《ペクッサン》（朝鮮最高の山。標高二七四四メートル）ぐらいは踏破できるものと思っていたが、気がついてみればソウルの南山《ナムサン》（標高二六二メートル）がやっとだったような気がする。とはいえ、ここから遠眼鏡で漢城（ソウル）の巷《ちまた》の風物を見物するのもなかなか捨てがたい味があり、読者とその楽しみを分かちあえたならこれに勝る喜びはない。

参考文献

・細かな書誌情報は専門家には既知であり、一般読者にはさほど必要ないと思われるので、中国や日本のよく知られた古典、および朝鮮の基礎資料は原則として書名のみを挙げる。
・読者の便宜のため邦訳はできるだけ明記したが、韓国朝鮮ものは玉石混交であり、筆者が参照したものとは限らない。

韓国・朝鮮

『三国遺事』金思燁訳注（朝日新聞社　一九七六年）
『三国史記』井上秀雄ほか（平凡社東洋文庫　一九八〇～八八年）
『高麗史』
『高麗史節要』
『東国通鑑』
『朝鮮王朝実録』
『経国大典』
『大典会通』
『国朝五礼儀』
『東国輿地勝覧』
『龍飛御天歌』
『海東名臣録』
『国朝人物考』
『萬姓大同譜』
『東文選』
『新羅殊異伝』小峯和明・増尾伸一郎編訳（平凡社東洋文庫　二〇一一年）
『牧隠文藁』李穡（韓国文集叢刊所収）
『牧隠詩藁』李穡（韓国文集叢刊所収）
『独谷集』成石璘（韓国文集叢刊所収）
『圃隠集』鄭夢周（韓国文集叢刊所収）
『保閑斎集』申叔舟（韓国文集叢刊所収）
『四佳集』徐居正（韓国文集叢刊所収）
『東人詩話』徐居正
『筆苑雑記』徐居正（『大東野乗』『大東稗林』所収）
『太平通載』成任
『太平広記詳節』成任（金長煥・朴在淵・李来宗校勘　近世大学国学叢書　二〇〇五年）

『真逸遺稿』成俔
『虚白堂集』成俔（韓国文集叢刊所収）
『浮休子談論』成俔
『慵斎叢話』成俔（『大東野乗』所収）
・写本影印版『慵斎叢話』（慶山大学　二〇〇〇年　韓国）
・韓国語訳注『慵斎叢話』（김남이 他　二〇一五年　韓国）
・邦訳『慵斎叢話』（梅山秀幸　作品社　二〇一三年）
『青坡劇談』李陸（『大東野乗』『大東稗林』所収）
『梅月堂集』金時習（韓国文集叢刊所収）
『養花小録』姜希顔
『青邱風雅』金宗直
『五山説林草稿』車天輅（『大東野乗』『大東稗林』所収）
『稗官雑記』魚叔権（『大東野乗』所収）
『龍泉談寂記』金安老（『大東野乗』『大東稗林』所収）
『松窩雑説』李墍（『大東野乗』『大東稗林』所収）
『松渓漫録』権応仁（『大東野乗』『大東稗林』所収）
『丙辰丁巳録』任輔臣（『大東野乗』所収）
『晴窓軟談』申欽（『大東稗林』所収）
『寄斎雑記』朴東亮（『大東野乗』『大東稗林』所収）
『於于野譚』柳夢寅（梅山秀幸　作品社　二〇〇六年）
『瑣尾録』呉希文
『容斎集』李荇（韓国文集叢刊所収）
『栗谷全書』李珥
『老松堂日本行録』宋希璟（村井章介校注　岩波文庫　一九八七年）
『海東諸国紀』申叔舟（田中健夫訳注　岩波文庫一九九一年）
『海游録』申維翰（姜在彦訳注　平凡社東洋文庫　一九七四年）
『海槎録』金誠一（『海東揔載』所収）
『扶桑録』南龍翼（『海東揔載』所収）
『東医宝鑑』許浚
『東国地理誌』韓百謙
『芝峰類説』李睟光
『星湖僿説類選』李瀷
『五洲衍文長箋散稿』李圭景
『燃藜室記述』李肯翊
『湛軒集』洪大容
「両班伝」朴趾源（『熱河日記1』所収　今村与志雄訳　平凡社東洋文庫　一九七八年）

『北学議』朴齊家
『與猶堂全書』丁若鏞
『続雲養集』金允植
『李朝仏教』高橋亨（復刻版国書刊行会　一九七三年）
「朝鮮近代文学ノート」高橋亨（手稿）
『高麗及李朝史研究』今西龍（復刻版国書刊行会　一九七四年）
『朝鮮巫俗考』李能和（一九二七年）
『朝鮮女俗考』李能和（一九二七年）
『韓国女俗史』金用淑（一九八九年　韓国）
『朝鮮の鬼神』（朝鮮総督府　一九二九年）
『朝鮮巫俗の研究』赤松智城・秋葉隆（大阪屋號書店　一九三八年）
『孫晋泰先生全集』孫晋泰（一九八八年　韓国）
『日韓盲僧の社会史』永井彰子（葦書房　二〇〇二年）
『時調―朝鮮の詩心』尹学準（創樹社　一九七八年。のち講談社学術文庫　一九九二年）
『パンソリ』姜漢永・田中明訳注（平凡社東洋文庫　一九八二年）
『高麗時代仏教詩の研究』印権煥（一九八三年　韓国）
『白雲小説研究』柳在泳（一九七九年　韓国）
『朝鮮時代耆老政策研究』朴尚煥（二〇〇〇年　韓国）
『成任の詩と生涯』洪順錫（一九九二年　韓国）
『成俔文学研究』洪順錫（一九九二年　韓国）
『薛公贊傳―注釈と関連資料』李福奎（一九九七年　韓国）
『韓国漢文小説校合句解』朴熙秉標点・校釈（二〇〇五年　韓国）
『朝鮮時代ソウル都市史』高東煥（二〇〇七年　韓国）
『韓国科学史』全相運（許東粲訳　宮島一彦・武田時昌校訂　日本評論社　二〇〇五年）
「麗末鮮初　韓日両国通信使の不伝行録について」金성진（『麗末鮮初漢文学の再照明』所収　二〇〇三年　韓国）
「十六世紀の川防灌漑の発達」李泰鎮（『韓佑劤博士停年記念史論叢』所収　一九八一年　韓国）
『이제는　말하고　싶다（今こそ語りたい）』文玉貞（二〇〇五年　韓国）
『韓国映画１００年史』鄭琮樺（野崎充彦・加藤千恵訳　明石書店　二〇一七年）
『韓国の風水師たち』野崎充彦（人文書院　一九九四年）
『朝鮮の物語』野崎充彦（大修館書店　一九九八年）
『コリアの不思議世界』野崎充彦（平凡社新書　二〇〇三年）

「パンス試論―朝鮮盲僧の占卜・呪詛・祈雨について」野崎充彦（『人文研究』52　二〇〇〇年　大阪市立大学）
「呪いのモノ―李朝巫堂呪詛事件の事例から」野崎充彦（『「もの」から見た朝鮮民俗文化』所収　新幹社　二〇〇三年）
「儒者と怪異―成任と林羅山」野崎充彦（『Journal Of Korean Culture』9　二〇〇七年　高麗大学）
「朝鮮の説話―人物説話の時代」野崎充彦（『漢文文化圏の説話世界』所収　竹林舎　二〇一〇年）
「記憶の作法―現代韓国映画の地平」野崎充彦（（『韓国朝鮮の文化と社会』14　二〇一五年）
「朝鮮時代の疾病と医療観―天人相関の視点から」野崎充彦（『韓国朝鮮の社会と文化』17　二〇一八年）

中国
『論語』
『大学』
『孟子』
『礼記』
『孝経』
『荘子』
『史記』
『顔氏家訓』
『文選』
『文心雕龍』
『六祖壇経』
『無門関』
『剪燈新話』
『水滸伝』
『三国志演義』
『笑府』馮夢龍（松枝茂夫訳　岩波文庫　一九八三年）
『列朝詩集』銭謙益
『地理人子須知』
『中国の科学と文明』（5）天の科学　ジョセフ・ニーダム（東畑精一・藪内清監修　思索社　一九七六年）
『支那史学史』内藤湖南（平凡社東洋文庫　一九九二年）
『宦官』三田村泰助（中央公論社　一九六三年）
『中国シャーマニズムの研究』中村治兵衛（刀水書房　一九九二年）

日本
『萬葉集』（岩波書店　日本古典文学大系　一九五七年）

『聖徳太子集』家永三郎ほか（岩波日本思想体系　一九七五年）
『日本霊異記』
『菅家文草　菅家後集』（岩波書店　日本古典文学大系　一九六六年）
『和泉式部集』
『方丈記』
『沙石集』
『神皇正統記』
『風姿花伝』
『病草紙』
『羅山先生文集』（京都史蹟会編　一九一八年）
『林羅山』堀勇雄（吉川弘文館　一九六四年）
『林羅山年譜稿』鈴木健一（ぺりかん社　一九九九年）
「梅村載筆」（『日本随筆大成』所収　吉川弘文館　一九七五年）
「兎園小説」（『日本随筆大成』所収　吉川弘文館　一九七三年）
『異称日本伝』松下見林
『甲子夜話』松浦静山（中村幸彦・中野三敏校訂　平凡社東洋文庫　一九七七年）
『一休 狂雲集』柳田聖山（講談社　一九九四年）
『良寛詩集』（入矢義高訳注　平凡社東洋文庫　二〇〇六年）
『日本詩話叢書』
『日本儒林叢書』
『日本朱子学と朝鮮』阿部吉雄（東京大学出版会　一九六五年）
『儒者の随筆』富士川英郎（小澤書店　一九八三年）
『東アジア往還―漢詩と外交』村井章介（朝日新聞社　一九九五年）
『漢文文化圏の説話世界―中世文学と隣接諸学Ⅰ』小峯和明編（竹林舎　二〇一〇年）
『江戸小咄の比較研究』武藤禎夫（東京堂出版　一九七〇年）
『山月記・李陵』中島敦（岩波文庫　一九九四年）
『李朝残影』梶山季之（講談社文庫　一九七八年）

野崎充彦（のざき みつひこ）

一九五五年、奈良県生まれ。大阪市立大学大学院教授。専攻は朝鮮古典文学・伝統文化論。一九九〇年、大阪市立大学大学院後期博士課程（中国文学）単位取得退学。二〇〇二年「朝鮮異人伝承論」で博士号取得（大阪市立大学・文学博士）。著書に『韓国の風水師たち 今よみがえる龍脈』（人文書院）、『朝鮮の物語』（大修館書店）、『コリアの不思議世界 朝鮮文化史27話』（平凡社新書）、編訳注書に『青邱野談―李朝世俗譚』、訳注書に『洪吉童伝』（ともに平凡社東洋文庫）がある。

「慵《よう》斎《さい》叢《そう》話《わ》」15世《せい》紀《き》朝《ちょう》鮮《せん》奇《き》譚《たん》の世《せ》界《かい》

集英社新書一〇二六D

二〇二〇年六月二二日 第一刷発行

著者……野崎充彦《のざきみつひこ》

発行者……茨木政彦

発行所……株式会社集英社

東京都千代田区一ツ橋二-五-一〇 郵便番号一〇一-八〇五〇

電話 〇三-三二三〇-六三九一（編集部）

〇三-三二三〇-六〇八〇（読者係）

〇三-三二三〇-六三九三（販売部）書店専用

装幀……原 研哉

印刷所……凸版印刷株式会社

製本所……株式会社ブックアート

定価はカバーに表示してあります。

ISBN 978-4-08-721126-9 C0222

Printed in Japan

a pilot of wisdom

a pilot of wisdom

集英社新書　好評既刊

「井上ひさし」を読む　人生を肯定するまなざし
今村忠純／島村 輝／大江健三郎／辻井 喬／永井 愛／平田オリザ／小森陽一・成田龍一　編著　1014-F

井上ひさしに刺激を受けながら創作活動を続けてきた大江健三郎ら創作者たちが、メッセージを読み解く。

ストライキ2.0　ブラック企業と闘う武器
今野晴貴　1015-B

アップデートされ世界中で実践されている新しいストを解説、日本社会を変える道筋を示す。

改訂版　著作権とは何か　文化と創造のゆくえ
福井健策　1016-A

著作権を専門とする弁護士が、基礎や考え方をディズニー、手塚治虫などの実例・判例を紹介しつつ解説。

バーテンダーの流儀
城アラキ　1017-H

酒と酒にまつわる人間関係を描き続けてきた漫画原作者が贈る、教養としての大人のバー入門。

百田尚樹をぜんぶ読む
杉田俊介／藤田直哉　1018-F

ベストセラー作家、敏腕放送作家にして「保守」論客の百田尚樹。全作品を気鋭の批評家が徹底的に論じる。

北澤楽天と岡本一平　日本漫画の二人の祖
竹内一郎　1019-F

手塚治虫に影響を与えた楽天と一平の足跡から、日本の代表的文化となった漫画・アニメの歴史を描く。

すべての不調は口から始まる
江上一郎　1020-I

むし歯や歯周病などの口腔感染症が誘発する様々な疾患、口腔ケアで防ぐためのセルフケア法を詳述！

香港デモ戦記
小川善照　1021-B

ブルース・リーの言葉「水になれ」を合い言葉に形を変え続ける、二一世紀最大の市民運動を活写する。

朝鮮半島と日本の未来
姜尚中　1022-A

「第一次核危機」以降の北東アジア四半世紀の歴史を丹念に総括しつつ進むべき道を探った、渾身の論考。

音楽が聴けなくなる日
宮台真司／永田夏来／かがりはるき　1023-F

音源・映像の「自粛」は何のため、誰のためか。異を唱える執筆陣が背景・構造を明らかにする。

既刊情報の詳細は集英社新書のホームページへ
http://shinsho.shueisha.co.jp/